船长说版权

复合型法律人才进阶之路

赵俊杰 著

知识产权出版社
全国百佳图书出版单位
—北京—

图书在版编目（CIP）数据

船长说版权：复合型法律人才进阶之路 / 赵俊杰著 . — 北京：知识产权出版社，2024.3
ISBN 978-7-5130-9172-5

Ⅰ . ①船… Ⅱ . ①赵… Ⅲ . ①著作权法—基本知识—中国 Ⅳ . ①D923.41

中国国家版本馆 CIP 数据核字（2024）第 009147 号

责任编辑：李陵书	责任校对：王　岩
封面设计：研美设计	责任印制：刘译文

船长说版权：复合型法律人才进阶之路
赵俊杰　著

出版发行：	知识产权出版社 有限责任公司	网　　址：	http：//www.ipph.cn
社　　址：	北京市海淀区气象路 50 号院	邮　　编：	100081
责编电话：	010-82000860 转 8165	责编邮箱：	lilingshu_1985@163.com
发行电话：	010-82000860 转 8101/8102	发行传真：	010-82000893/82005070/82000270
印　　刷：	三河市国英印务有限公司	经　　销：	新华书店、各大网上书店及相关专业书店
开　　本：	720mm×1000mm　1/16	印　　张：	15.25
版　　次：	2024 年 3 月第 1 版	印　　次：	2024 年 3 月第 1 次印刷
字　　数：	232 千字	定　　价：	61.00 元
ISBN 978-7-5130-9172-5			

出版权专有　侵权必究

如有印装质量问题，本社负责调换。

序 一
岁月总会眷顾有准备的人

与船长相识相知多年，经常就版权社会热点与前沿问题、版权纠纷案件、版权市场价值转化以及版权立法修法等内容进行交流，也会畅谈版权国际交往与文化交流等话题。

出书这件事，印象中并不是船长心血来潮，他多年前就在准备与构思了，当时也征求了我、一位知识产权领域资深编辑和另一位央媒资深记者的意见。多年以来，船长办理知识产权案件，统筹组织版权研讨、版权沙龙，奔走于全国各地开展公益版权宣讲……体现了他对版权事业的深深热爱。

通读船长书稿发现，本书既涉及版权知识精髓、认识误区，又涉及法律人的成长观察和资深知识产权实务人士的切身体会。印象中，这种编写体例比较少见，是一种新的尝试。全书引用案例丰富翔实，少见大段转述法院判决，而是简明扼要地论证与点题；脚注丰富，读者可以按图索骥，延伸阅读，连引用的名言警句也都标明了出处。这体现了船长一贯的严谨创作风格。书中短句较多，对专业人士和普通读者而言，毫无冗长晦涩法律术语之困。

船长对《著作权法》的修改十分关注。据了解，船长集齐了《著作权法》第二次和第三次修改期间各参与团队的全部"修改草案"。在《著作权法》第三次修改通过后，他在"华南版权"微信公众号"船长说法"栏目发表了《"新版"〈著作权法〉八个亮点》等实用短文，让更多的人了解最新立法动态，解读草案立法深意。同时，船长也保持对追续权、孤儿作品、实用艺术作品、著作权集体管理组织运行机制等版权立法难点热点问题的持续关注和研习。

船长属于典型的实干型人才。这不仅体现在他平时的案件办理中，也体现在超过300场线上、线下法律沙龙的统筹组织活动中。我曾经多次参与船长组织的法律沙龙（包括知识产权沙龙，尤其是版权实务沙龙）。印象深刻的线下、线上沙龙有：（1）在知识产权出版社举办的"知识经济时代企业核心竞争力"沙龙；（2）在重庆一家园区举办的"知识产权实务的现状与未来"沙龙；（3）在线上举办的"'署名权'2016争鸣——天下霸唱法律纠纷"沙龙。通过这些沙龙的统筹组织，船长及其公益协作团队或解读规范，或分析案例，或提出建议，全方位、多角度为大家展现了蓬勃发展的中国版权事业。

岁月如歌。多年以来，包括船长在内的诸多法律人，为了中国版权事业在孜孜不倦地探索着、追求着……2012年，国家版权局就《著作权法》修改草案公开征求社会各界意见期间，我曾与船长进行过多次交流探讨；后来又一起到CCTV谈合作、在新媒体录制版权节目；面对版权乱象，共同反对部分媒体对他人作品实行"拿来主义"；一起讨论过制作一部以知识产权法律为题材的院线电影……在这些合作中，我看到了一位专注、执着的法律人对版权事业的深深热爱——通过多元化视角观察、多路径持续探索，铺就复合型法律人才进阶之路。

版权群组有句口头禅："专业起来了不得，娱乐起来不得了。"透过本书，读者会发现船长读书既注重专业性又兼顾科学性，兴趣广泛，知识产权实务既要专业专注，还要破圈跨界。

岁月总会眷顾有准备的人，成功总会青睐专业专注专心的人。此书即将付梓，船长数月的灯下辛苦即将凝结为幽幽墨香，呈现于读者面前。作为版权同行，为之感到高兴之际，也向读者郑重推荐此书。读完此书，你可能会爱上知识产权！

张洪波

中国文字著作权协会常务副会长兼总干事

2024年2月于北京

序 二
书名解构以及创作原则

版权与版权法，以其涉及文学、艺术和科学领域的作品创作、技术研发，具有持久的魅力和广泛的影响力，引起多领域人士持续关注。

日本学者梅田久认为："20世纪是专利的时代，21世纪是版权的时代。"[1] 广东的实践，是中国的实践，也是世界的实践。

（一）"版权""法律""复合型"以及"船长"

1.关于"版权"

"版权是法律的一个分支，对作者（作家、音乐家、艺术家和其他创作者）的作品给予保护。"其起源"是与15世纪欧洲印刷术（谷登堡印刷机）的发明相联系的"。[2] 在法治实践场景中，"版权"通常与"著作权"作为同义语使用，并未做严格区分，比如人们常说"版权产业""版权登记""数字版权"等。我国《著作权法》（2020年修正）明确界定："本法所称的著作权即版权。"

---

[1] 阎晓宏："新闻出版总署阎晓宏：21世纪是版权的时代"，网址：http://www.icsc1839.org.cn/detail_news_50295.html，最后访问日期：2023年9月27日。

[2] 联合国教科文组织：《版权法导论》，张雨泽译，知识产权出版社2009年版，第7页。

2.关于"复合型"

复合，顾名思义聚合、组合，是多元非单一的，并且往往是较为复杂的呈现类型。博登海默在《法理学：法律哲学与法律方法》"自然法的复兴和价值取向法理学"一章写道："法律是一个带有许多大厅、房间、凹角、拐角的大厦，在同一时间里想用同一盏探照灯照亮每一间房间、凹角和拐角是极为困难的，尤其当技术知识和经验受到局限的情况下，照明系统不适当或至少不完备时，情形就更是如此了。"[1] 举个例子，复合型人才在商务谈判中优势明显，履历单一的一方与身份多元的相对方对坐，即便是在对等发言的场景下，谈判的推进效果也会存在明显差异。

3.关于"法"与"法律"

东汉许慎《说文解字·廌部》载有："灋，刑也；平之如水，从水；廌所以触不直者去之，从去。法，今文省。"相传"廌"这种独角兽，曾被黄帝与司法官员皋陶用来决断疑狱。

"所谓'法，今文省'和'象形，从多省'云云，正是省掉'廌'或'豸'这一原本具有司法（神判）意味的神兽符号……剔除'廌'或'豸'的符号，恰好意味着'灋'之内涵的变迁——神判的失落。"[2]

笔者在法治研讨场合，特别是有非法律人士在场的时候，常常分享三句话：法律，是最低限度的道德；立法，是对社会资源的第一次分配；司法，是社会救济的最后一道防线。从而让与会人士在较短的时间内初步认识"法"与"法律"，以及它们的深层逻辑。

---

1 [美]E.博登海默：《法理学：法律哲学与法律方法》，邓正来译，中国政法大学出版社2017年版，第221-222页。
2 徐忠明：《明镜高悬：中国法律文化的多维观照》，广西师范大学出版社2014年版，第7页。

4.关于"船长"

一提到船长,人们可能首先会想到波澜壮阔的大海。当船遭遇巨大灾难之时,船长应当最后一个离船,"与船共存亡"。濮存昕在其所著《濮存昕:我和我的角色》一书中,把船长的品格描述为"不向挫折低头"。[1]

现实生活中有英姿飒爽的"白船长"(白响恩)、稳健长寿的"书船长"(江澄波)。电影《菲利普船长》中有菲利普船长、《加勒比海盗》中有杰克船长、《泰坦尼克号》里有史密斯船长。文字作品中有《船长》《帆船史》《忒修斯之船》。勇敢、智慧、担当、值得托付,是人们心目中对"船长"的印象。

时光穿过21世纪初,在北上广等地的知识产权圈,出现了一批深耕一域、热心普及知识产权法的"年轻人",其中就包括"学术没有圈""洪波维奇""村长""馆长""委员长""船长"(又称Jack船长或杰克船长)等人。"华南版权"微信公众号为笔者开辟了"船长说法"专栏。《方图有约丨回顾Jack船长赵俊杰的知识分享》一文提及,"Jack船长,专注知识产权法律业务多年,与我所三位合伙人彼此欣赏而结交"。知产力《对话IP人丨赵俊杰:听船长畅谈我国版权事业那些事》一文也提及,业内多地同仁称笔者为"船长"。

(二)通过平实的法律视角、版权视角,探寻复合型法律人才的进阶之路

严谨、专业、深刻、理性,是律师的传统内在特质;而具有寰球视野、注重科技法律互动、在系统化基础上形成真正的差异化、培养综合调处项目的能力,应当构成复合型法律人才的加持内在特质。电影《杀死一只知更鸟》(1962年)的男主角是一名律师,由格利高里·派克饰演,给我们直观地呈

---

[1] 濮存昕:《濮存昕:我和我的角色》,人民文学出版社2023年版,第142页。

现了有血有肉的律师形象。

笔者曾在规模不等的律师事务所工作，拥有从见习生、律师助理、执业律师到管理合伙人的完整经历，熟悉各类企业人力资源管理与开发，现同时担任多家仲裁机构的仲裁员，担任全国首批三家知识产权专门法院之一的广州知识产权法院的首批律师调解员，担任巡回沙龙主理人、公益阅读领读者。笔者对行业的了解深入、细致，对社会的观察相对立体、客观。因此，本书内容的呈现，算作是一个普通法律人、版权人平实但多元视角的信息输出。

（三）本书创作原则

（1）用语的严谨性；（2）适当的趣味性；（3）力求非同质化。

在本书组稿过程中，得到了诸多前辈、师友和家人的鼓励与支持，李陵书编辑给予编审方面的悉心指导，在此一并表示诚挚谢意。由于学识、见识有限，书中难免存在不当之处，敬请各位批评指正。

赵俊杰

癸卯年夏于羊城@船长工作室

船 长 说 版 权
复合型法律人才进阶之路

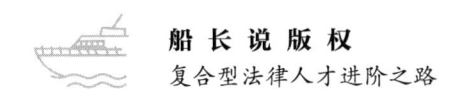

目 录 /CONTENTS

上 篇

版权案办理实务

一、庭审指引及实战关注 /003

著作权侵权诉讼出庭指引 /004
著作权合同仲裁出庭指引 /006
办理著作权案的实战关注 /008
选对诉讼案由则纲举目张 /013
举证之所在即败诉之所在 /018

二、如何提升庭审的效果 /023

法庭是诉讼律师的主战场 /024
法律文书准备和庭审发言 /026
让"最后陈述"明亮起来 /029
令庭审效果打折扣的发言 /031

庭前组织证据交换新观察 /033

三、版权精髓与认识误区 /035

著作权法领域的"两分法" /036
接触加实质性相似的标准 /038
对作品登记的持续性误读 /040
借鉴、抄袭、剽窃的判定困境 /043
版权法意义上作品的认定 /045

四、重点疑难与实务争鸣 /049

权利穷竭与"发行权一次用尽" /050
"避风港规则"与"红旗标准" /052
硬币的两面：修改权与保护作品完整权 /055
对版权予以限制：合理使用 /058
拉锯战：作者认定与相反证明 /060
扑朔迷离的版权历史溯源研究 /062

五、司法裁判的思维方法 /065

为何说授人以鱼不如授人以渔 /066
严格保护与鼓励文化多元发展 /068
判决停止侵权但允许再次发行 /070
院庭长阅核制与审判独立原则 /071
法律效果与社会效果的"度量衡" /073
司法主联动促进非公经济发展 /075

六、案例蕴藏的解锁密码 /079

  授权认定是著作权案件审理关键 /080
  对请求权基础的准确理解与适用 /085
  中国的五家著作权集体管理组织 /088
  解除条件的成就：权利义务终止 /090
  行政处罚案件与侵犯知识产权犯罪 /094
  鼓励交易是合同案件审理的原则 /099

七、蓬勃发展的中国仲裁 /101

  视野开阔的中国仲裁 /102
  仲裁好坏对标仲裁员 /106
  公信力评估指标体系 /108
  仲裁秘书职业化建设 /110
  仲裁释明权个案运用 /112
  仲裁条款独立性原则 /114

八、形式多样的中国调解 /117

  调解的时代会到来吗 /118
  调解机制的湾区探索 /120
  调解员实战技能培养 /123
  版权案调解文书要点 /125
  调解的方法以及流程 /127
  中国的调解仲裁诉讼 /130

下 篇

法律人多维进阶

九、新形势下的现代管理　/135

丰富多彩的一线企业管理　/136
中规中矩的服务机构管理　/141
咨询律师好比是求医问药　/144
各具特色的商会平台管理　/146
知产战略与管理体系构建　/149
打造管理团队的标准导向　/152

十、复合知识助园区企业　/155

园区企业与法律多维连接　/156
面向中小企业的法律援助　/159
直播带货的三大法律风险　/161
线上和线下普及知识产权　/164
对园区企业几点管理建议　/167
公证、评估以及鉴定的运用　/169
电子计算机的诞生与发展　/172
人工智能课企业现场提问　/174

十一、法科生职业生涯规划　/177

成长路径及职业生涯规划　/178
学习力培养贵在持之以恒　/180

知识管理与个案项目管理　/182
法务与执业律师的异同点　/184
文科生知产律所就业观察　/186
参加版权知识演讲的诀窍　/188
版权专业人才修炼"三基石"　/189
推荐阅读观看的图书电影　/192

十二、法律文化饱含烟火气　/195

关于作品、作者以及读者　/196
关于律师、商人与读书人　/198
律师解答咨询那些事儿　/201
代理人最难处理的关系　/202
亲历打官司不做睡眠者　/204
读一辈子书认不全汉字　/206
人生五种现象与东山堂　/208
时光何以改变千年习俗　/210
关于茶肆、饺子馆与早餐铺　/212
关于摄影店、旅行、诗和远方　/215
文明、文化异同与现代化　/216
院线电影的构想与实践　/218
中国版权产业前景展望　/220

参考文献　/222
附录一　办理软件著作权侵权纠纷案流程　/224
附录二　计算机软件开发合同仲裁案件指引　/225
后　记　/226

上 篇

版权案办理实务

南宋陆游在《冬夜读书示子聿》记有:"纸上得来终觉浅,绝知此事要躬行。"

法律是一门实践性很强的学科,办理知识产权与竞争纠纷案件,办理版权案件,就是一个缩影。蓬勃发展的中国知识产权事业,适逢《著作权法》第三次修改,对参与庭审工作的代理人、仲裁员等角色提出许多新的要求。

保持研习,保持对职业的敬畏,探索如何通过法律实践(如诉讼、仲裁、调解)推动中国法治进程,是每一位复合型法律人应当积极思考和努力践行的。

一

庭审指引及实战关注

> 法学只是透过法律上的一般概念的眼镜来观察每个个人的具体命运,这就像透过厚厚的幔帐——透过正义女神的蒙眼布来观察,不过它只能使人看到影影绰绰的轮廓。(拉德布鲁赫,1914年)[1]

---

[1] [德]古斯塔夫·拉德布鲁赫:《法律智慧警句集》,舒国滢译,中国法制出版社2016年版,第163页。

著作权侵权诉讼出庭指引

此处以侵害计算机软件著作权纠纷为例予以介绍。

（一）原告代理人要做的工作

作为原告的代理人，形成案卷首先要梳理三大问题：（1）权属是否清晰，包括是否原始取得、授权链条是否连贯；（2）对方行为是否具备可责性且已固定；（3）责任如何承担，是否具备适用惩罚性赔偿的基础。

（二）被告代理人要做的工作

作为被告的代理人，相应地，也要梳理三大问题：（1）对方据以主张权利的作品属于谁，原创还是经由授权取得；（2）行为的合理性，是否具备法定许可等特殊情况；（3）是否须担责，有无减轻责任的事由。

（三）诉讼材料清单

初步的梳理工作完成之后，接下来需要准备诉讼材料，包括：（1）民事起诉状（民事答辩状）；（2）证据清单（原告通常提交：计算机软件著作权登记证书、软件安装包、流转情况材料、销售情况材料等）；（3）质证意见；（4）《证据保全（代码及文档）申请书》；（5）《财产保全申请书》；（6）历次修改测试情况说明；（7）作品传播情况材料；（8）《司法鉴定申请书》；（9）代理词、补充代理意见；（10）参考案例（尤其要留意提交审理本案的法院已经作出的生效裁判文书）；（11）合理开支凭据；（12）司法政策。有诉讼经验的代理人会在提交纸质材料的同时，主动提交对应的电子版材料给书记员。

在行为人可以提供"上家"信息的情况下，相比于工业产权法上的"侵权免赔"规则，著作权法上的规则有其特点，允许被告"主张其不承担侵权责任"。

知识产权法院法庭实景

著作权合同仲裁出庭指引

此处以计算机软件开发合同纠纷为例予以介绍。

（一）申请人代理人要做的工作

作为申请人的代理人，形成案卷首先要梳理三大问题：（1）主合同对软件著作权归属是怎么约定的，对验收、交付、违约责任、合同解除等重要内容是怎么约定的；（2）双方对合同的履行情况如何；对方是否存在违约情形，具体表现在哪些方面；（3）如何主张责任承担。

（二）被申请人代理人要做的工作

作为被申请人的代理人，相应地，也要梳理三大问题：（1）合同中约定了哪些主要权利义务；（2）双方对合同的履行情况以及在履行合同时分别存在哪些违约情形；（3）是否须担责，违约金及利息的计算标准、计算方法（含LPR[1]的准确运用）、起止日期分别是什么。

（三）仲裁材料清单

初步的梳理工作完成之后，接下来需要准备诉讼材料，包括：（1）仲裁申请书（答辩意见）；（2）证据清单（申请人通常提交：委托或者合作研发

---

[1] 贷款市场报价利率（LPR）。

合同、流转情况材料等）；（3）质证意见；（4）调查取证申请；（5）历次修改测试情况及说明；（6）合同变更情况及说明；（7）解除合同律师函；（8）快递签收记录；（9）代理词、补充代理意见；（10）参考案例（尤其要留意提交受案仲裁机构已经作出的裁决书）；（11）合理开支凭据；（12）司法政策。有仲裁经验的代理人会在提交纸质材料的同时，主动提交对应的电子版材料给办案秘书。

在计算机软件的委托开发仲裁案中，反请求现象多见。这主要是因为一款软件的开发，通常会经历测试、修改、再测试、再修改等多次反复过程，然后受托人才能交付代码、文档，有时会出现在变更后的期限届满之日仍然不能交付代码、文档的情况。

仲裁庭实景：庭室样式之一

办理著作权案的实战关注

（一）诉讼程序实战主要关注点

相庆梅在其所著《民事诉讼法学》[1]一书中，将民事诉讼法基本原则梳理为九条，分别是：诉讼权利平等原则、法院调解原则、辩论原则、处分原则、诚实信用原则、检察监督原则、支持起诉原则、直接审理原则与间接审理原则，以及不间断审理原则与间断审理原则。

1.基本的程序关注

在起诉和受理阶段，主要关注点是按照《民事诉讼法》《著作权法》规定的条件，结合管辖法院立案指引，草拟、制作《民事起诉状》《民事答辩状》，对证据材料进行分类整理、检索类案、了解司法政策，启动诉讼，取得《受理通知书》《应诉通知书》《举证通知书》等诉讼材料。在审理前，主要关注点是制作《开庭提纲》，组织模拟庭审，梳理归纳争点，对于原告方而言，要站在法庭及被告一方的角度审视诉讼请求与事实理由，查漏补缺。《开庭提纲》建议列明以下事项：（1）审理法院；（2）经办法官；（3）开庭时间；（4）审理庭室；（5）双方主张；（6）调查问题；（7）可能的争议焦点；（8）可能用到的法规、司法解释及司法政策等规则文件；（9）可能用到的案例裁判文书摘要；（10）根据案情需要提供的判决书（优先推荐：最高人民法院作出的裁判文书、再审裁判文书、"指导案例"对应的裁判文书

---

[1] 相庆梅：《民事诉讼法学》，中国法制出版社2020年版。

等。基于类案检索、同案同判的司法政策，同一个地区、同一个审理法院的裁判文书也可以提交）。

2.面对疑难复杂案件

代理人面对疑难复杂的民事诉讼案件时，需留意以下不常见的诉讼相关问题：（1）是否存在虚假诉讼；（2）是否存在涉外因素；（3）是否采取临时措施；（4）是否须经司法鉴定；（5）是否有技术调查官出庭；（6）案件是否属于集团案、系列案等一方人数众多的情况；（7）是否采取证据保全、财产保全。最高人民法院以司法解释及不完全列举的方式作出指引，有下列情形之一，人民法院可以认定为涉外民事案件：（1）当事人一方或者双方是外国人、无国籍人、外国企业或者组织的；（2）当事人一方或者双方的经常居所地在中华人民共和国领域外的；（3）标的物在中华人民共和国领域外的；（4）产生、变更或者消灭民事关系的法律事实发生在中华人民共和国领域外的；（5）可以认定为涉外民事案件的其他情形。

以下案例存在涉外因素，且审理法院引用了"两个转变"的知识产权司法政策，属于疑难复杂案件。

在娱乐壹英国有限公司（以下简称娱乐壹公司）、艾斯利贝克戴维斯有限公司（以下简称艾斯利公司）与广州漫游引力文化科技有限公司、广州琵醍投资管理有限公司、上海迪高文化创意有限公司（以下简称迪高公司）、广州水一策划展览服务有限公司著作权权属、侵权纠纷案[1]中，一审法院罕见地在判决书中向原告方作出提醒："首先，就本案事实而言，娱乐壹公司、艾斯利公司在提起本案诉讼前，并没有对被控侵权行为做到较为完善的'尽职调查'，导致娱乐壹公司、艾斯利公司提起本案诉讼之后才发现迪高公司等所举办的活动及销售的侵权商品其实来源于娱乐壹公司、艾斯利公司，真是'大水冲了龙王庙'了。这不仅浪费娱乐壹公司、艾斯利公司维权成本和诉讼成本，

---

[1] 参见广州市海珠区人民法院（2019）粤0105民初8173号民事判决书，广州知识产权法院（2021）粤73民终2258号民事判决书。

也导致了诉累。其次，从娱乐壹公司、艾斯利公司同时授权一家律所和一家公司的过程（未区分主次），可知基于信息不对称的情况时，两家被授权方维权过程难免产生'相互矛盾'的情形。特别在我国知识产权领域正处于'两个转变'的阶段，娱乐壹公司、艾斯利公司在此后的维权过程理应分清责任，理顺脉络，避免再出现本案诉讼的情形。因此，原审法院在此向娱乐壹公司、艾斯利公司予以提醒。""两个转变"即"我国正在从知识产权引进大国向知识产权创造大国转变，知识产权工作正在从追求数量向提高质量转变。"这是2020年11月30日习近平总书记在十九届中央政治局第二十五次集体学习时的讲话内容，此后被社会各界广泛转发、引用。本案一审法院在裁判说理部分以司法政策的形式进行引用，就是一例。二审法院认为，"两上诉人以迪高公司组织实施的涉案活动不具合法性授权基础为切入点，指控四被上诉人共同侵害其涉案作品线下复制权证据不足。如两上诉人整理证据、厘清事实后认为确有必要，可另行起诉或另循其他合法途径寻求救济"，遂作出驳回上诉、维持原判的判决。

3.关于反诉与反请求的处理

诉讼过程中提出反诉、仲裁过程中提起反请求是被告、被申请人的绝地反击，还是拖延战术？这需要视双方提交证据等情况区别看待，不能一概而论。例如，在一宗侵害计算机软件著作权纠纷案中，诉讼原告以被告未经许可擅自使用其研发的控制系统主张被告承担停止侵权、赔偿损失的法律责任。而被告则以涉案软件系由第三方开发与原告无关，原告存在反编译等情节，向原告提起反诉。又如，在另一宗计算机软件委托开发仲裁案中，仲裁申请人（受托人）认为被申请人（委托人）多次增加及变更需求，导致其无法按照合同约定的日期交付涉案软件。而被申请人认为，由于申请人技术团队核心人员离职属于合同约定的违约情形，进而提出反请求。在计算机软件开发合同纠纷案中，由于合同项下的软件（项目、系统、代码）等输出物的交付，往往要经历测试、修改、试运行、再测试、再修改……的反复过程，仲裁申请人逾期交付软件又主张对方支付尾款的，就很容易收到反请求通知。原告增加诉讼请求，被告提出反诉，可以合并审理。无论是在诉讼审理实践中，还是在仲裁审理实践中，合并审理、分开裁判的情形居多。

4.关于缺席审理

在知识产权侵权纠纷案件中，被告缺席审理比较常见，但这并不意味着审理法院作出的裁判一定对原告有利。与金融领域的借款合同纠纷不同，知识产权侵权纠纷涉及的法律主体较多，标的物的交付及验收相比于单纯的金钱交付，其责任更是难以认定。例如，在一宗计算机软件开发合同纠纷案中，诉讼原告因不能提供证据说明其在组织验收环节尽到了注意义务，尽管被告缺席，法院最终还是判决驳回了原告的诉讼请求。而在一宗金融借款合同纠纷案中，仲裁被申请人无正当理由不参加庭审。仲裁庭认为，被申请人无视规则法律，其行为缺乏契约精神，作出支持申请人全部仲裁请求的裁决是公正的。

（二）仲裁程序实战主要关注点

1.基本的程序关注

在申请和受理阶段，与诉讼文件有所差别，仲裁程序本阶段出现的文件包括：《仲裁申请书》《答辩意见》《证据清单》《仲裁规则》《仲裁员名册》《仲裁庭通知书》《组庭/开庭通知书》等。

关于"作出裁决的期限"，各机构仲裁规则大同小异，比如，《中国国际经济贸易仲裁委员会仲裁规则》（2024版）规定，仲裁庭应在组庭后6个月内作出裁决书；《北京仲裁委员会仲裁规则》（2022版）规定，仲裁庭应当自组庭之日起4个月内作出裁决；《广州仲裁委员会仲裁规则》（2023版）规定，仲裁庭应当在组成后4个月内作出裁决。

2.面对疑难复杂案件

除以上常规的程序注意事项之外，代理人面对疑难复杂商事仲裁案件时，还需留意以下不常见的仲裁相关问题：（1）是否存在虚假仲裁；（2）是否存在涉外因素；（3）是否需要向有关机关发函；（4）是否需要专家咨询委员会出具意见；（5）是否属于系列案件、集团案件；（6）是否属于首案；

（7）是否采取财产保全、行为保全。

在仲裁实践中，疑难复杂案件通常涉及以下情形：当事人身处不同的国度；未签署基础交易合同；一方当事人人数众多；多个案件的仲裁庭观点不一；案件经过专家咨询委员会鉴定、评估等程序；案件因一方当事人涉及刑事案件而中止；等等。

3.涉外案件的判断

在案件是否具有涉外因素的判断方面，仲裁与诉讼在实践中存在差异。例如，根据《广州仲裁委员会仲裁规则》（2023版）规定，涉及中华人民共和国香港特别行政区、澳门特别行政区或者台湾地区的案件，参照适用"国际商事仲裁特别规定"一章的规定。当事人对案件是否具有国际因素有争议的，由广州仲裁委员会或仲裁庭决定。华南理工大学法学院副教授、博士生导师刘凯认为：商事仲裁，"在涉外法律服务方面，它最突出的优势就是仲裁裁决的国际执行力。基于《纽约公约》，仲裁裁决可以在170余个国家得到承认和执行，而我国法院的判决只能在30多个国家得到承认和执行"。[1]

---

[1] 贺林平、刘远强："AI仲裁秘书亮相！广州打造'全球智能仲裁新高地'"，"人民日报客户端广东频道"微信公众号，2023年8月29日。

选对诉讼案由则纲举目张

相比于商事仲裁的代理，民事诉讼代理过程中原告对案由的选择至为关键。汉代班固在《白虎通·三纲六纪》中载有："若罗网之有纪纲而万目张也。"汉代郑玄在《诗谱序》中也有论及："举一纲而万目张，解一卷而众篇明。"

选择什么案由，往往意味着代理人选择运用哪套规则：法律规范、学术研究、既有裁判等。不过，在早期的民事诉讼活动中，并无成文的案由规定指引。直到2000年，最高人民法院发布《民事案件案由规定（试行）》，中国才有了成文的案由规定。此后，《民事案件案由规定》成为法院立案庭工作人员、法官助理、书记员办案时接触最多的规范之一。在仲裁活动中，没有像《民事案件案由规定》那样正式的案由规定。实际工作中，仲裁机构的案件受理部门、办案秘书会参考《民事案件案由规定》开展工作。

（一）涉及著作权的六类案由

当前，《民事案件案由规定》及其实务解读类图书，是诉讼律师的案头必备。由于实操性强，从程序推进及追求实体正义方面来讲，《民事案件案由规定》的重要性不亚于《民法典》本身。《民事案件案由规定》中直接涉及著作权的案由有下述六种类型，延伸关联案由为技术合同纠纷，如技术委托开发合同纠纷，技术合作开发合同纠纷，技术成果完成人署名权、荣誉权、奖励权纠纷。

1.著作权合同纠纷部分

案由关键词：委托创作、合作创作；著作权、邻接权转让，著作权、邻接权许可使用；出版合同、表演合同、音像制品制作合同、广播电视播放合同；计算机软件开发合同。计算机软件著作权转让合同纠纷、计算机软件著作权许可使用合同纠纷单列。

2.著作权权属纠纷部分

案由关键词：著作权权属、出版者权权属、表演者权权属、录音录像制作者权权属，以及广播组织权权属。计算机软件著作权权属纠纷单列。

3.著作权侵权纠纷部分

案由关键词：作品发表权、署名权、修改权、保护作品完整权、复制权、发行权、出租权、展览权、表演权、放映权、广播权、信息网络传播权、摄制权、改编权、翻译权、汇编权，以及侵害其他著作财产权纠纷；出版者权、表演者权、录音录像制作者权、广播组织权。侵害计算机软件著作权纠纷单列。

4.确认不侵害知识产权纠纷部分

案由关键词：确认不侵害著作权纠纷；确认不侵害计算机软件著作权纠纷。在株式会社传奇IP（ChuanQi IP Co., Ltd.）与浙江盛和网络科技有限公司涉及《蓝月》电影和《热血传奇》游戏的著作权纠纷案[1]中，案由就是确认不侵害著作权纠纷。

5.因申请知识产权临时措施损害责任纠纷部分

案由关键词：因申请诉前停止侵害著作权损害责任纠纷；因申请诉前停止侵害计算机软件著作权损害责任纠纷。

6.申请诉前停止侵害知识产权案件部分

案由关键词：申请诉前停止侵害著作权；申请诉前停止侵害计算机软件著作权。

---

1 参见浙江省杭州市中级人民法院（2023）浙01民终453号民事判决书。

（二）代理实务需要注意的三种情况

鉴于反不正当竞争法与著作权法、商标法、专利法等具体的知识产权法规的适用关系一直存有争议（有人将反不正当竞争法与商标法的关系比作海洋与冰川，有学者在"也论反不正当竞争法之适用"时将文章主标题定为"超越荆棘的丛林"[1]），计算机软件的开发与技术开发又存在交叠，在涉及计算机软件的纠纷案件代理实务中，需要注意以下三个方面。

1.对复合案由的选择及使用

当行为人同时出现侵害作品复制权行为和虚假宣传行为时，代理人可以考虑在立案时，将案由确定为"侵害作品复制权及不正当竞争纠纷"。此时，立案庭的处理方式将相对复杂，但无论如何，拿到载有复合案由的传票，可能是代理人有效推进案件的良好开端。实践中，侵害商标权及不正当竞争纠纷案件颇为多见，实体裁判内容有的仅支持一个案由项下的请求。

2.技术合同项下的标的物交叠

技术合同纠纷部分有两个案由：技术委托事实上，开发合同纠纷和技术合作开发合同纠纷，实践中很容易将其与计算机软件开发合同混在一起。这两个案由是分开作出规定的。因此，对案由的选择需要慎重。一旦选择了具体的案由，就要按照该案由的配套规则来推进庭审。

3.选择什么案由跟进什么规则

在北京阿豆心理医疗科技发展有限公司与北京荣智互联科技有限公司计算机软件开发合同纠纷案[2]中，事实认定涉及三份合同，分别是项目名称"草坪计划"对应的《软件系统开发技术开发（委托）合同》，项目名称"医院自助测评平台"对应的《技术开发（委托）合同》和《特殊量表软件开发服务合同》。此外，还涉及App原型图、UI设计，医生端、用户端、专家PC端，管

---

[1] 谢晓尧："超越荆棘的丛林——也论反不正当竞争法之适用"，"知识产权与竞争法"微信公众号，2023年9月8日。
[2] 参见北京市高级人民法院（2022）京民终693号民事判决书。

理平台等内容。

从案涉合同名称等细节，不难看出技术开发与软件开发已经"融为一体"，案涉项目的验收区分"初验"和"终验"。审理法院界定何为"软件正式上线"，也为类案处理提供了参考思路。

本案原告方是选择技术合同纠纷，还是选择计算机软件开发合同纠纷作为案由，代理人的发力点是不同的，前者更多遵循《民法典》合同编的规则，而后者则更多要遵循《著作权法》中的规则。选择不同的案由，意味着代理工作要遵循不同的规则，相应地，随之而来的诉讼效果也会存在差异。

在浙江百应科技有限公司（以下简称百应公司）、曹某等侵害技术秘密纠纷案[1]中，审理法院在论述是否构成重复起诉时认为，判断是否构成重复诉讼应当对前诉和后诉的当事人、诉讼标的、诉讼请求进行比较，注意分析原因事实异同，并考察前诉的既判力对后诉的影响，尤其是避免出现后诉裁判结果否定前诉裁判结果的情况。"虽然本案与853号侵害计算机软件著作权纠纷案的当事人相同，诉讼请求也基本相同，但两案的原因事实即被诉侵权行为不同，本案中被诉侵权行为为曹某违反保密义务，披露、使用并允许一知公司使用百应公司的技术秘密……853号案中被诉侵权行为为曹某、一知公司未经百应公司授权，复制、修改权利软件。因此，本案与853号案的诉讼标的不同。此外，百应公司提起两案所依据的权利基础也不同，本案中百应公司系依据其掌握的技术秘密主张权利，853号案中系依据其享有的计算机软件著作权主张权利，由此对应的当事人的权利义务关系不同……因此，本案不构成重复起诉。"

（三）一字之差，影响办案效果

2023年9月，某律师在法院系统立案时，错将案由"侵害计算机软件著作权纠纷"填为"侵犯计算机软件著作权纠纷"，后来接到法院通知才发现错

---

[1] 参见最高人民法院（2023）最高法知民终240号民事判决书。

误。一字之差，导致返工，还差点儿被视为自动撤回"网上立案申请"。实际上，有知识产权审理经验的法官，在庭审开始10分钟内即可大致判断各方代理阵容的专业程度，其中一个判断要素就是观察各方代理人对案由的理解与运用。例如：是否将"侵害作品信息网络传播权纠纷""侵害注册商标专用权纠纷""侵害发明专利权纠纷""侵害商业秘密纠纷"，分别表述为"侵犯作品信息网络传播权纠纷""侵犯注册商标专用权纠纷""侵犯发明专利权纠纷""侵犯商业秘密纠纷"。这进一步印证了选择诉讼案由的重要性。

举证之所在即败诉之所在

"举证之所在，败诉之所在"，这条关于证据的法谚将举证与案件成败直接挂钩，足见证据对于诉讼的重要性。类似的法谚还有"证据乃诉讼之王""打官司就是打证据"。仲裁同理。

证据的固定、存取以及在裁判庭上的呈现，直接决定了一个诉讼或者仲裁案件的胜败走向。电视剧《包青天之铡美案》中，魏明的证词对包公"判案"起到重要作用；电影《奥本海默》中也存在证词令男主懊恼的剧情。在涉及侵害计算机软件著作权纠纷案件中，案涉计算机软件代码、文档通常储存在被告方的计算机内，原告难以取得，原告在诉讼时申请证据保全较为常见。此外还经常出现被告方为了掩盖证据阻碍人民法院依法履职的情况。在河南省高级人民法院发布的2022年河南法院知识产权司法保护十件典型案例之八：天宝解决方案公司与河南二建集团钢结构有限公司侵害计算机软件著作权纠纷案[1]中，审理法院针对被告所实施的阻碍行为，依法作出罚款10万元的决定并确定被告应当承担相应的不利后果，彰显了人民法院在涉外知识产权诉讼中坚持平等保护的决心，起到了较好的警示作用。

笔者在代理一宗涉及侵害计算机软件著作权纠纷案时，曾陪同审理法院的法官、法警、书记员抵达被告方——某知名通信公司办公大楼，在复制涉案软件代码时不仅遭遇了第三方阻碍，而且被告方技术人员呈递给保全法官的代

---

[1] 参见河南省郑州市中级人民法院（2022）豫01知民初1189号民事判决书。

码被原告方技术人员现场指出并非原告方申请保全的代码。此类取证工作的开展，对代理人及相关工作人员的专业性和配合度要求较高。

（一）证明标准

提起侵权诉讼的原告对实质性相似的证明标准，是"高度盖然性"标准还是仅承担"初步证据"的证明责任？对此，陈锦川同志曾撰文指出"综观我国法律及司法解释的规定，包括软件著作权侵权在内的普通民事案件，实行的都是'高度盖然性'证明标准而非'初步证据'的证明责任。庭前准备时，在证据不足或者证据缺失的情况下，梳理出一个以现有证据为支撑的故事、直面并做好阐述理由的准备。"福建高院蔡伟同志也曾撰文指出，"盖然性证明标准的适用应当以穷尽举证责任为前提"。

高度盖然性是指"双方当事人对同一事实分别举出相反的证据，但都没有足够的依据否定对方证据的，人民法院应当结合案件情况，判断一方提供证据的证明力是否明显大于另一方提供证据的证明力，并对证明力较大的证据予以确认"。[1]

在科睿唯安信息服务（北京）有限公司（以下简称科睿唯安公司）与上海梅斯医药科技有限公司（以下简称梅斯公司）侵害作品信息网络传播权及不正当竞争纠纷案[2]中，审理法院认为，根据科睿唯安公司证据保全公证时查询IF（影响因子）数据链接的情况以及本案审理中随机抽查期刊查询IF数据链接的情况，在梅斯公司未提供相反证据的情况下，科睿唯安公司主张梅斯公司通过涉案网站、涉案App提供了JCR（期刊引证报告）数据库中全部的IF数据链接，具有高度盖然性，予以支持。

在广东思千科技有限公司（以下简称思千公司）与广州易迪赛智能科技有限公司（以下简称易迪赛公司）侵害商标权纠纷案[3]中，一审法院认为，"综合上述情况及思千公司的上述不正当竞争行为，易迪赛公司所提交的证据

---

[1] 参见辽宁省大连市中级人民法院（2018）辽02民终2073号民事判决书。
[2] 参见上海知识产权法院（2020）沪73民终531号民事判决书。
[3] 参见广东省珠海市中级人民法院（2017）粤04民再30号民事判决书。

已达到高度盖然性的证明标准，足以证明案涉思千公司销售的金色外壳的电烙铁来源于易迪赛公司，即思千公司存在换标行为。思千公司辩称易迪赛公司没有证据证明思千公司存在更换易迪赛公司商标的行为，但思千公司具体换标的生产过程属于思千公司企业的内部行为，易迪赛公司本身难以取证，不应对易迪赛公司苛以过重的证明标准，在思千公司没有提交反证证明案涉公证取证的电烙铁由其自行生产的情况下，本院对思千公司的答辩意见，不予采纳"。

在陈某与周某民间借贷纠纷案[1]中，一审法院在还款金额问题上说理提及，"首先，周某确认李某向杨某转账支付的5笔共计149000元款项是本案借款的还款，一审法院予以认定。其次，李某辩称其还直接向周某还款5笔共计145000元，虽然从李某的银行账户明细来看，该5笔款项的交易对手为珠海华润银行股份有限公司（增值业），但该5笔款项的转账时间与周某提交的银行账户明细中相同款项的转存时间能相互对应，一审法院认为系同一笔款项的可能性较大，故一审法院认定李某的证据已达到高度盖然性的证明标准，对其该抗辩予以采纳，即李某已向周某偿还了该145000元。综上，一审法院认定李某已向周某偿还10笔共计294000元"。

（二）质证意见

从诉讼、仲裁庭审实践观察可知，代理人就对方提供的证据发表质证意见时，一般从以下几类意见入手：无异议、三性（真实性、关联性、合法性）异议、证明力异议、证据资格异议。在三性异议方面，对真实性、合法性无异议但是对关联性有异议（不认可证明目的）比较常见。

在汪某、何某与周某、张某等生命权、健康权、身体权纠纷案[2]中，裁判文书记有："证据5，五被告对真实性、合法性无异议，但是对关联性及证明对象有异议，认为金额没有达到原告诉状主张的医疗费金额。"

---

1 参见广东省东莞市中级人民法院（2021）粤19民终189号民事判决书。
2 参见杭州市余杭区人民法院（2017）浙0110民初12777号民事判决书。

在都江堰华泰伟业食品有限责任公司（以下简称华泰食品公司）、四川省中建阳光建筑工程有限公司（以下简称中建阳光公司）等建设工程施工合同纠纷案[1]中，裁判文书记有：中建阳光公司质证认为，对真实性、合法性无异议，对关联性有异议，唐某春和华泰食品公司就案涉款项的借支情况，没有经过中建阳光公司一方的授权或者是事后的追认，同时，案涉款项的借支是否用于本案的工程，以及是否用于包含在鉴定报告当中属于华泰食品公司一方的施工范围，均无法予以确认，因此关于案涉款项应当在工程款当中进行抵扣，该主张不能得到支持。

在上海爱麒实业有限公司（以下简称爱麒公司）等与宁波浩英宠物科技有限公司（以下简称浩英公司）等著作权权属、侵权纠纷案[2]中，在二审法院查明部分，当事人在质证时有两次提及"对关联性有异议"：（1）浩英公司、丁某、牛呗公司质证认为，对第一组证据（《浙江省商务厅关于2019年度"浙江出口名牌"名单的公示》）的真实性、合法性无异议，对关联性有异议。（2）爱麒公司、禾沣公司质证认为，对第二组、第三组、第四组（该三组证据为抖音、淘宝、亚马逊相关截图及可信时间戳认证证书）证据的真实性、合法性无异议，对关联性有异议。

篇章趣事

不战而屈人之兵

某计算机软件开发合同纠纷案，被告对原告的态度很不友好，根本不把原告放在眼中。第一次庭审前，被告看了一眼原告准备的起诉材料，大抵是厚度超出了他的预期，随即放下之前的傲慢，直接向审理法官说："我方愿意马上兑现原告主张。"

---

1 参见四川省成都市中级人民法院（2021）川01民终10038号民事判决书。
2 参见浙江省宁波市中级人民法院（2023）浙02民终3091号民事判决书。

二

如何提升庭审的效果

> 只有已受陶冶（训练）的人才可能是一个真正有本领的法律职业人。（拉德布鲁赫，1929年)[1]

---

[1] [德]古斯塔夫·拉德布鲁赫：《法律智慧警句集》，舒国滢译，中国法制出版社2016年版，第157页。

法庭是诉讼律师的主战场

对出庭律师而言,法庭是其主战场,商事仲裁庭也是一样。良好的庭审效果,是审判庭或商事仲裁庭同当事人、(诉讼)代理人、其他诉讼参加人或者仲裁参与人多方共同努力促成的,缺一不可。

从代理人实战角度考察,一个案件的胜败通常与三个因素有关:(1)代理人对案件事实的把握程度;(2)代理人对证据的梳理、呈现和质证水平;(3)代理人对案件所属行业历史、现状以及发展情况的了解深度。

案件审理前,代理人应当同本方当事人做好充分的事实呈现及观点阐明、证据出示等准备。案件正式进入审理程序后,代理人发言应当力求观点明确、呈现得当,恪守职业操守、体现专业特长。相应地,审理法官、首席仲裁员或独任仲裁员也应当事先熟悉卷宗,主持庭审时对案件事实了然于胸,尊重代理人发言而不随意打断或者制止代理人发言,有效推进庭审进程。在庭审结束后,代理人应当根据当次及之前庭审情况,主动制作《代理词》或者补充代理意见,将书面材料(连同电子版)一起寄送或者当面提交给书记员、商事仲裁庭仲裁秘书。

在知识产权纠纷庭审实战中,有不少同行经过悉心准备,采用妥帖的方法,取得了良好的庭审效果。比如,有的代理人使用动画演示辅助说理;有的代理人结合时代背景列出有针对性的司法政策进行宏观说理;有的代理人则通过裁剪与贴合的鲜明对比方法印证己方观点。除此之外,制作大事记、当事人关系图,以及提交整合说明版参考案例,也是行之有效的庭审参与方法。

二 如何提升庭审的效果

"台上一分钟,台下十年功。"代理人呈现的每一场精彩庭审,一定离不开知识与经验的积累、对受托个案的深入研判,以及反复的庭前模拟训练。

后文通过正面说理以及反面举例的方式,与读者朋友共同探讨"如何提升庭审的效果"。

法律文书准备和庭审发言

（一）文书准备

1.建议留意的问题

本书多次提及，涉及计算机软件的案件，无论是侵权纠纷还是合同纠纷，其事实数量及认定等事项均相对烦琐。因此，代理团队准备文书时须留意以下几点。（1）文书出品要有校对机制，不能出现错别字，比如把"通用电商平台订单管理系统中文与法文版"，写成"通用电商平台订单管理系统中文语法文版"。（2）将功能需求更改节点、联调测试节点、迟延交付系统节点等事项绘制成图。（3）制作带有提醒标注的大事记、当事人关系图，提供给合议庭（仲裁庭）参考。（4）制作开庭提纲，附上参考案例、适用规则、各方意见等内容，提前预测案件争点、程序走向、法庭（仲裁庭）询问内容等。（5）模拟问题的数量要涵盖法庭（仲裁庭）调查问题的数量。比如涉及侵权领域的惩罚性赔偿计算，调查问题包括：数量、单价、行业利润率、单日获利、天数及持续时间等。（6）文书制作要清晰、大方，装订要牢固、美观，方便使用者翻阅。这个要求看似简单，实际不易做好，具体需要注意：文图内容工整、清楚；订书针的数量选二还是选三，装订位置恰当，方便存档，各页对齐；附有光盘的证据材料可以将带有封袋的光盘用双面胶固定在证据材料中；等等。

2.常用文书的要点提示

结合著作权权属、侵权纠纷案的实践，对《（警告函）复函》《律师函》《民事答辩状》的书写要点给出提示。（1）在《（警告函）复函》中，首先，要求发函方提供权属材料或授权材料，以表明其具有发函及维权的资格；其次，要求发函方提供受函方初步侵权的证据；再次，要求发函方提供其提出的解决方案的依据及可行性；最后，表明如果因发函方本次致函导致受函方品牌、营运等方面受损，受函方将保留追究其法律责任（包括经济赔偿）的权利。此处受函方（复函一方）需根据《警告函》提及的基础事件中使用作品的来源及合法性进行对应处理。（2）在《律师函》的草拟过程中，建议留意以下几点：首先，要求委托人客观、全面、完整地提供案涉材料；其次，通读委托人提供的材料并梳理出致函要点（包括发函方据以主张权利的基础、受函方涉嫌侵权的初步证据）；再次，将与委托人商定的发函目的及具体要求明确下来；最后，在《律师函》末尾表明态度，如果受函方不配合将承担发函方采取起诉等方式带来的法律后果。（3）草拟《民事答辩状》，建议留意以下几点：权属方面，分析案涉作品之于原告的权属联结（属于原告原创，还是授权取得，如果是授权取得，审查其授权链条的完整性、有效性）；行为方面，根据全案分析委托人使用案涉作品的来源及合法性；责任承担方面，需要考虑做不担责答辩还是减轻赔偿责任答辩，以及是否主动促成调解。

（二）庭审发言

两名以上代理人出庭代理的情况（仲裁规则对代理人的数量设定往往更加宽松，如经当事人申请且仲裁庭同意，可以适当增加代理人至三人以上），须留意以下几点：（1）在内部做好分工，确定一位主发言人。（2）切忌把发表质证意见的环节当成辩论阶段。实战中，以下表述运用较为普遍："对第某组证据的真实性、合法性予以认可，对关联性及证明目的不予认可。"在对真实性发表质证意见时，有的代理人进一步细分为"对该证据形式上的真实性予以认可，对该证据实质上的真实性不予认可"。在前述进一步细分的场合，也可以尝试如下表述："对于该组证据的真实性不予认可，该组证据虽然是以公证形式呈现的，但该份公证书固定的事实本身并不符合客观情况。"（3）谨慎使用"退一步说""退一步讲"这类表述。实践中，还有代理人使用"退一万步说"的发言案例。(4) 在当事人众多的案子当中，"他们""我们""我方""对方"等词语的使用，容易导致合议庭（仲裁庭）在理解上的混乱，同时也给书记员或者仲裁秘书、速录设备增加负担。(5) 在审理法官就具体的问题发问后，代理人应当减少"换句话说""也就是说""是这样的""我做个说明"诸如此类的发言。简明、扼要、及时回应合议庭（仲裁庭）提问，对庭审效果而言至关重要。相反地，答非所问、顾左右而言他会令人反感。比如，审理法官问："你方主张系统交付的具体时间是哪一天？"代理人答"法官，我来做个说明"，或者"这要回到八年前"，或者"事情是这样的"。(6) 面对对方的主观性评判，甚至不文明用语，比如称己方恶意、卑劣、霸占，应当做到不急不躁，理性完结己方的发言。

出色的庭审发言，必定能够围绕己方诉讼请求或者仲裁请求，或者辩驳点，逐层提出意见，呈现的意见既有学理渊源，又有规则依据，再辅以参考案例，张弛有度。

庭审发言水平的呈现，必须以对案情细节进行了"地毯式"了解、熟悉、消化为前提。做不到这一点，只是单纯地追求庭审技巧，将导致各个诉讼环节"漏洞百出"。

（三）庭审发问

发问也要注意措辞。在民事诉讼、商事仲裁实践中，多数代理人选择不发问。好的发问，源于对行业现状的了解，源于对案件事实的熟悉程度，源于对法律规则的灵活运用。如何设问，既考验代理人对案情的熟悉程度，也考验代理人的临场发挥。具体可从以下两个方面简要说明：(1) 术语运用准确翔实。比如，在计算机软件开发合同场合的术语有"需求分析""数据采集""运行卡顿""项目交付""技术支持""联调测试""关键词抓取""应用服务器""数据库服务器""项目验收报告"等，熟悉并运用这些术语，有赖于平时的学习和积累。(2) 应当围绕争议事实发问，不对法律适用或者评判发问。

代理团队可以在庭前模拟合议庭（仲裁庭）和各方的发问内容，争取模拟的内容可以涵盖庭审各方发问的内容。

让"最后陈述"明亮起来

我国《民事诉讼法》规定,"法庭辩论终结,由审判长或者独任审判员按照原告、被告、第三人的先后顺序征询各方最后意见",这是民事诉讼"最后陈述"环节。我国《刑事诉讼法》也有类似规定,"审判长在宣布辩论终结后,被告人有最后陈述的权利"。

庭审进行到最后陈述阶段,事实调查的展开已经比较完整,辩论阶段也已结束。当合议庭提示各方可以进行最后陈述时,代理人如何达到对己方有利的庭审效果?本书认为,可以关注以下几个方面:(1)已经发言的内容不再重复,可以讲"与民事起诉状意见一致""与民事答辩状意见一致""坚持庭审意见";(2)简要提炼己方观点并确认书记员已经记录下来;(3)把调查、辩论阶段没有讲透彻的内容,或者需要回应对方的内容,陈述出来;(4)综合案件发生的时代背景、行业现状、个案环境等因素,回溯到案件适用法律的立法宗旨,适当引用司法政策,融入情、理、法,卒章显志。以上内容,宜根据当次庭审的实际推进状况进行微调。如果主审法官都时不时看表、不耐烦了,代理人还在那里絮叨,肯定达不到理想的庭审效果。

文章立意手法讲究卒章显志,所谓篇末点题,诉讼与仲裁的庭审发言与其道理相通。2012年10月,在一起侵犯商业秘密罪的庭审辩护现场,临近庭审结束,笔者引用何帆先生为《罪行》一书所作的序言中的一段话结束当次的庭审发言:许多人在犯下罪行前,也是生活中的普通人,也可能是一名好父亲、好姐姐或者好爱人,也有自己的苦难、喜悦和困惑。作为法律人,我们经历和拥有越多故事，越应对自己遭遇的犯罪人心存悲悯，并向世人解释这种悲悯的来由。只有多几分这样同情的理解，我们的法律和司法，才会更有温度和人性。[1]当时法庭十分安静，连掉根针的声音都能听到。那一刻，所有人陷入了沉思。

仲裁审理中，当辩论终结时，首席仲裁员或者独任仲裁员同样会对等地征询申请人与被申请人的"最后意见"。

---

[1] [德]费迪南德·冯·席拉赫：《罪行》，吴掬飞译，南海出版公司2012年版。

令庭审效果打折扣的发言

法庭（仲裁庭）通常非常注重各方代理人能否有效呼应并及时、准确回答法官（仲裁员）问话，在耗时长、疑难复杂等类型的案件庭审时尤其如此，以便控制庭审进度。

笔者通过以下几个案例予以说明。

（一）东部案例

在东部某城一宗侵犯著作权案的庭审现场，被告人众多，被告家属在法庭旁听，公诉人出庭支持公诉，来自多地的律师参与辩护，这些都对主审法官驾驭庭审、推进审理进度形成重大考验。其中一位辩护人的发言重复、冗长，主审法官示意其停止发言，该辩护人坚持发言，主审法官第二次提醒其停止发言，该辩护人仍然按照自己准备的内容发言。在座的人都替他捏了一把汗，不敢多言。随后，主审法官警告，如其继续发言，将请其离席。很显然，这位辩护人的庭审发言，对当次庭审辩护效果没有起到积极作用。

（二）西部案例

在西部某城一宗特许经营合同纠纷案的仲裁现场，案件涉及主体较多且有涉外因素，证据材料烦琐，待调查事实问题一个接一个，仲裁庭希望各方发言可以简洁一些。被申请人是公司类当事人，而出庭的发言人并非律师或者法务，发言重复、冗长，多次出现"顾左右而言他"的情况。除非该发言人使用明显的拖延"战术",此时,仲裁庭为了保证程序正义,不得不让其完整地发表观点。出庭人员不能及时、准确地回答仲裁庭提问,也不正面回应和解决问题,等于为仲裁庭公正、及时作出裁决设置了障碍,属于减分发言案例。

(三)南部案例

在南部某城一宗著作权权属、侵权纠纷案的庭审现场,某知名大学教授担任一方代理人,在法庭上从对方的证据中寻找蛛丝马迹,进而发起反攻,非常细致。需要注意,代理人反攻的"城堡部位"如果是关键部位自然是成功的,但如果反攻的"城堡部位"对"工事"没有影响,则事倍功半。反攻切忌搞错了部位,舍本求末,因小失大。

(四)北部案例

在北部某城一宗计算机软件委托开发合同纠纷案的仲裁现场,一方代理人将涉及技术的部分由己方的技术人员(经对方同意的旁听人员)发言,但该技术人员的发言恰恰对己方不利。这也是庭审发言减分的例子。

(五)中部案例

中部某城一宗承揽合同纠纷仲裁案即将开庭,但迟迟不见被申请人及其代理人出现。经办案秘书了解得知,被申请人称在开庭日之前已与申请人进行了和解,并且双方重新协商了报酬支付事项,于是就没有派人到庭参加仲裁审理,也没有将此情况告知仲裁庭。由于申请人一方不认可此说法,仲裁庭要求被申请人连线参与庭审。被申请人仓促指派非法务岗人员连线参与庭审。此种"仓促应战"的情况,庭审效果一定会大打折扣。

|二| 如何提升庭审的效果

庭前组织证据交换新观察

根据《民事诉讼法》第一百三十六条第四项的规定，人民法院对业已受理并且需要开庭审理的案件，通过要求当事人交换证据等方式，明确争议焦点。

《最高人民法院关于民事诉讼证据的若干规定》（2019年修正，以下简称新版《证据规定》）对证据交换作出如下规定：（1）人民法院依照《民事诉讼法》第一百三十三条第四项的规定，通过组织证据交换进行审理前准备的，证据交换之日举证期限届满。证据交换的时间可以由当事人协商一致并经人民法院认可，也可以由人民法院指定。（2）证据交换应当在审判人员的主持下进行。（实践中由法官助理和仲裁秘书主持证据交换工作的情形比较多见——作者注）在证据交换的过程中，审判人员对当事人无异议的事实、证据应当记录在卷；对有异议的证据，按照需要证明的事实分类记录在卷，并记载异议的理由。通过证据交换，确定双方当事人争议的主要问题。（3）当事人收到对方的证据后有反驳证据需要提交的，人民法院应当再次组织证据交换。（4）人民法院对逾期提供证据的当事人处以罚款的，可以结合当事人逾期提供证据的主观过错程度、导致诉讼迟延的情况、诉讼标的金额等因素，确定罚款数额。

《仲裁法》及其司法解释未对"证据交换"作出规定。

新版《证据规定》删除了"经当事人申请"法院组织交换证据的有关规定，意味着审理法院掌握了组织证据交换的主动权，而且实际上法官助理拥有较大的组织证据交换的权力。新版《证据规定》同时删除了"新的证据"的有关规定，实行"以证据不失权为原则，失权为例外"的制度。在仲裁实践中，仲裁庭对证据繁多的案件，可以组织证据交换，证据原件核对可以和证据交换、庭前质证等活动合并进行。

在杨某与鹭江出版社、福州市文学艺术界联合会著作权纠纷案[1]中，二审法院认为：根据原审笔录，证人唐某根据原告杨某的申请出席了原审法院组织证据交换的庭前会议并陈述了证言。根据《最高人民法院关于民事诉讼证据的若干规定》第五十五条的规定，唐某出席庭前会议所作的陈述，可视为出庭作证。因此，杨某有关原审法院没有正当理由，不传唤唐某到庭作证，严重违反法定程序，导致判决错误的上诉意见，没有法律依据，不予采纳。

在中国音像著作权集体管理协会（以下简称音集协）、杭州临安香格里拉娱乐有限公司著作权侵权纠纷案[2]中，二审法院组织了证据交换与质证，对音集协提供的企业信用信息、（2015）浙杭知初字第51—78号民事判决书的证据效力予以确认。

> **篇章趣事**
>
> **令人意想不到的发言**
>
> 在电影《找到你》中有一场婚姻纠纷庭审。女性当事人朱敏的遭遇感动了对方的代理律师，该律师竟然直接在法庭表态："我不保证每个人都能得到公平，但作为一名母亲，我希望法官把抚养权判给朱敏，以上言论引起的所有后果都由我一人承担……"

---

[1] 参见福建省高级人民法院（2004）闽民终字第712号民事判决书。
[2] 参见浙江省杭州市中级人民法院（2021）浙01民终10338号民事判决书。

三

版权精髓与认识误区

> 对我们这些法律职业人而言，最难做到的事情是：既要对我们的职业有所信仰，但又同时在我们本质的无论哪一个极深的层次上不断地对此加以审问。（拉德布鲁赫，1929年）[1]

---

[1] [德]古斯塔夫·拉德布鲁赫：《法律智慧警句集》，舒国滢译，中国法制出版社2016年版，第155页。

著作权法领域的"两分法"

"两分法"不仅存在于著作权法中,还存在于国际法等法律中。在著作权法中,"两分法"可以翻译为idea/expression dichotomy 或者 dichotomy of idea and expression。通常理解为,著作权法保护的是思想的表达,而非思想本身。

李响在《美国版权法:原则、案例及材料》一书中用美国版权法的一句名言"受到保护的是瓶子,而不是瓶子里的酒"(The bottle is protected, not the wine)来论证版权法保护的究竟是什么。此处提及的酒瓶与酒的关系,形象地呈现了版权法领域的思想表达"两分法"。

在上海灿星文化传媒股份有限公司、天津恒森歌舞娱乐有限公司侵害作品放映权纠纷案[1]中,再审法院认为,著作权法保护思想的表达而非思想本身,创作意图属于思想范畴,不应成为作品认定的依据。在北京诵读文化发展有限公司与重庆寻声艺术培训有限公司再审审查与审判监督案[2]中,再审法院认为,作品是作者运用自己的方法和习惯通过智力活动将思想或情感赋予文学、艺术形式的表达。同时,作品必须表达一定的思想、情感,传达一定的信息。

著作权法领域的"两分法"是分析判断著作权权属、侵权纠纷案件走向

---

[1] 参见最高人民法院(2022)最高法民再33号再审民事判决书。
[2] 参见北京市高级人民法院(2022)京民申6282号民事裁定书。

的精髓。在理解、适用著作权法领域的"两分法"时，不能机械地割裂思想与作品、著作权内在的关联。那种认为著作权法与思想毫无关系的观念是错误的。恰恰相反，"作品必须表达一定的思想"，有思想、直抵人心的作品，往往可以成为时代的经典。电视剧《大宅门》自播出后一直受到各方关注和观众喜爱，与这部作品涉及家国担当、商业竞争（包括现场摘取"百草厅白家老号"牌匾的精彩剧情）以及交织推进的剪不断理还乱的情感纠葛密不可分，人物性格特点鲜明，剧情推进自然流畅，着实能抓住观众的心。四大名著之一的《红楼梦》至今仍被广泛阅读、传播和引用——"满纸荒唐言，一把辛酸泪。都云作者痴，谁解其中味？"

接触加实质性相似的标准

"接触"和"接触可能性"判断，广泛运用于知识产权侵权及不正当竞争案件当中，结合实质性相似、近似、同一性等情况用于认定行为人是否构成侵权及不正当竞争是否成立。在中国著作权侵权纠纷认定司法实践中，"接触加实质性相似"的判断标准已被审理法官普遍接受。

在是否构成实质性相似的判断方面，实践中有审理法院导引，应比较作者在作品表达中的选择、取舍、安排、设计等是否相同或相似。

在江苏源燊动漫产业有限公司与扬州弘美玩具有限公司（以下简称弘美公司）、扬州乐兔玩具商贸有限公司（以下简称乐兔公司）等著作权权属、侵权纠纷案[1]中，审理法院认为："因涉案作品于2015年6月9日已公开发表，弘美公司、乐兔公司自此具有接触涉案作品的机会，而弘美公司、乐兔公司所销售的被控侵权产品与涉案作品相比，二者虽然在胸前双手的形态、身体弯曲度、触手等局部存在一定区别，但在整体形状、触角、头与躯干比例、躯干的节状等方面基本一致，构成实质性相似。根据'接触+近似'的判断标准，应当认定被控侵权产品是对涉案作品的复制，即侵权成立。"

在广州网百办公设备有限公司（以下简称网百公司）、阿丹电子企业股份有限公司侵害计算机软件著作权纠纷案[2]中，二审法院同样认为计算机软件

---

1 参见浙江省杭州市中级人民法院（2016）浙01民终3849号民事判决书。
2 参见最高人民法院（2021）最高法知民终2218号民事判决书。

著作权的侵权判断遵循"接触加实质性相似"的标准。关于被诉侵权产品的目标代码与涉案软件的目标代码是否构成实质性相似，原审法院委托广东省知识产权保护司法鉴定所对涉案软件与被诉侵权产品的目标代码进行同一性比对，鉴定意见认为涉案软件目标代码与被诉侵权产品目标代码构成实质性近似。网百公司上诉主张，司法鉴定结果中"A1与A5对比"无法判断，无法得出"A1与B1对比"实质性相似的结论，也无法得出"A5与B1对比"实质性相似的结论。二审法院认为，被诉侵权产品内置的目标代码与涉案软件目标代码构成实质性相似，被诉侵权产品所附的阅读器设置说明书内容与《快速设定本》相应部分的内容相同。

需要注意，审理法官并非在每一个著作权侵权纠纷案中使用"接触加实质性相似"的标准来作出裁判。当被诉侵权的作品使用了与原告作品相同内容的情况下，审理法院不需要对接触或者接触可能性进行说理、判断，便可在剔除对著作权的限制等干扰项后，直接作出被告对著作权人或者相关权利人构成著作权侵权的认定。

在被问及如何判断"实质性相似"这个问题时，专业的版权法律工作者不会急于回答。为什么呢？因为不同的作品种类，其相似比对是十分困难的，比如，将计算机软件与建筑作品来比，或者将口述作品与模型作品来比。本书给出的思路或者方法是，首先确定拟比对作品的种类，然后根据该种类作品对应的法定规则或者司法实践形成的规则去比对，比如，音乐作品的小节相似数量、计算机软件源代码或者目标代码的相似比例，等等。

对作品登记的持续性误读

"版权登记"广泛应用于企业管理,甚至知识产权代理实践中。出于对版权获得机制的考虑,本书将"版权登记"统一称作"作品登记"。下文从权属、表述、证据,以及诉讼启动影响等四个方面做简要介绍。

(一)权属方面

本书之所以没有使用"版权登记",而是使用"作品登记",是出于对版权获得机制的考虑。版权自动获得,是国际通行做法。这意味着作者在作品创作完成之时即自动获得版权,登记并非获得版权的必经程序。但是,这个关于版权权属的基础理念,在企业知识产权管理等实践中,经常被误读。

(二)表述方面

作品登记、商标注册、专利申请,这一组看似简单的短语,背后均有系统的配套逻辑。企业高管在公开场合大谈版权申请、专利注册的例子不胜枚举。

(三)证据方面

办理了登记,并不意味着一定会得到诉讼各方的认可。

在恒信玺利实业股份有限公司与中山区珂兰首饰店、上海珂兰商贸有限公司著作权权属、侵权纠纷案[1]中，被告中山区珂兰首饰店答辩指出："我国著作权登记采取自愿制度，登记机关对作品登记不进行任何实质性审查，虽然原告办理了作品登记，但登记行为不具有对抗第三人的效力，仅凭作品登记证书及原告提供的真实性、关联性均存疑的《香榭之吻项目长期合作协议》，不能认定其对案涉戒指享有著作权。"

（四）诉讼启动影响方面

是否办理作品登记，在中国法院并不影响民事诉讼的启动。而美国的情况则较为复杂。（1）法院书记官与版权局局长。《美国著作权法》第508条（a）项规定："美国法院的书记官应当自根据本法提起的诉讼提起后的1个月内，向版权局局长发送书面通知，并在通知中详细地说明提交给法院的文件中显示的信息，包括当事人的姓名和地址以及诉讼中涉及的全部作品的名称、作者和登记号。"[2]（2）特定作者是否办理作品登记影响诉讼启动。《美国著作权法》第411条（a）项规定："除了起源国不是美国的伯尔尼公约成员国的作品提起诉讼以及因侵害第106A条（a）项规定的作者的权利（有关作者身份和完整性的权利——作者注）提起的诉讼，以及属于该条（b）项情形，任何作品在依照该法进行著作权登记申请之前不得对著作权侵权行为提起诉讼。"[3]

此外，从商业布局来看，办理作品登记对企业的知识产权全球布局有所帮助，这是从在先权利的角度来看。办理作品登记，登记机构所在地的政策往往在资助方面有所体现。比如，《广州市作品著作权登记政府资助办法》第五条规定，广州市版权局组织实施全市作品著作权登记政府资助工作。广州市版权保护中心负责开展作品著作权登记政府资助的具体工作。作品登记证书的数量，某种程度上与企业的创作、设计、研发能力呈正相关，对促成企业的贸易

---

[1] 参见大连市西岗区人民法院（2019）辽0203民初6254号民事判决书。
[2] 《美国著作权法》，杜颖、张启晨译，知识产权出版社2013年版，第144页。
[3] 索来军："美国著作权法中有哪些针对登记的规定？（上）"，"中国版权服务"微信公众号，2015年10月9日。

也有帮助。例如，2023年夏季，南方某企业拟在包括亚洲、欧洲等地超过100个国家和地区布局知识产权，其法务团队建议该企业可以先办理较多的作品登记（理由包括对于作品登记，代办机构并不做类似于工业产权注册、申请场景下的实质审查），届时登记作品、注册商标后享有的各种对应权利，可以互相加持，以提升该企业在全球范围内的综合竞争力。

借鉴、抄袭、剽窃的判定困境

实践中,有审理法院指引公众,借鉴是通过汲取他人作品的经验和教训而进行的再创作行为,是否构成抄袭需考量借鉴内容所占的比例。

同"合理使用"一样,"抄袭"也是看起来像著作权法律术语,但实际上"剽窃"才是著作权法律术语。《著作权法》第五十二条将"剽窃他人作品"的行为明确规定为一种侵犯著作权的行为。说起"剽窃",可能非法律人士甚至非知识产权法律同仁,都不会经常提起。但大家会经常讨论"盗版"和"抄袭"。司法实践中,对"抄袭""盗版""剽窃"这三个词语的运用没有明显的规律可循,在同一份民事判决书中,这几个字眼可以同时出现。

在磊若软件公司(以下简称磊若公司)与无锡凯祺科技有限公司(以下简称凯祺公司)侵害计算机软件著作权纠纷案[1]中,有两处使用"盗版"字样:(1)原告诉讼请求部分,凯祺公司使用盗版计算机软件的行为,严重侵犯了其合法权益,请求法院判令凯祺公司立即停止侵犯其"Serv-UFTPServerv6.4"计算机软件著作权的行为。(2)一审法院裁判部分,凯祺公司立即停止侵犯磊若公司计算机软件著作权的行为,立即卸载盗版"Serv-UFTPServerv6.4"的软件。单独使用"抄袭"字样的案例较多,单独使用"剽窃"字样的案例相对较少。也有"抄袭"和"剽窃"混用的案例,如"道道通"导航电子地图著作权纠纷案,即北京长地万方科技有限公司诉深

---

[1] 参见江苏省高级人民法院(2015)苏知民终字第00265号民事判决书。

圳市凯立德计算机系统技术有限公司等侵犯著作权纠纷案[1]中，"抄袭"字眼出现6次、"剽窃"字眼出现3次。

"相对于'盗版'这种只是损害权利人经济利益的行为而言，'剽窃'行为不仅窃取了他人的作品，还总是不注明原作品的出处，删除或隐匿原作者署名，这既有损于他人的经济利益，也有损于原作者的精神利益……是一种更为严重的损害原作者利益也是损害公共利益的行为。"[2]这篇文章将"盗版"与"剽窃"区分开来，但引出一个新的问题——"盗版"可入刑而"剽窃"不入刑。

在掌游天下（北京）信息技术股份有限公司、嘉丰永道（北京）科技股份有限公司侵害计算机软件著作权纠纷案[3]中，二审法院组织双方当事人对鉴定报告进行质证环节，一方当事人提及："两个apk文件中相同的文件主要是与游戏界面、动态效果等相关的文件，该主要资源、配置类相同文件与认定是否构成抄袭的核心文件无关，从44个相同文件中排除资源、配置类文件后，可能相同的文件占比极低，不足以认定双方的游戏软件实质相似。"从该部分实务观点，结合本书关于经授权使用他人作品的相关知识介绍，不难看出，在判定实质性相似时，"抄袭""借鉴""合理使用""占比"之间存在微妙的关系。

---

1 参见广东省高级人民法院（2008）粤高法民三终字第290号民事判决书。
2 张伟君："抄袭剽窃可追究刑事责任"，"知产库"微信公众号，2016年10月8日。
3 参见最高人民法院（2020）最高法知民终1456号民事判决书。

|三| 版权精髓与认识误区

版权法意义上作品的认定

有人问：传承千年的汉服也可以通过版权法予以保护吗？要回答这个问题，首先得搞清楚哪些素材可以构成版权法意义上的"作品"。

根据《著作权法》第三条的规定，本法所称的作品，是指文学、艺术和科学领域内具有独创性并能以一定形式表现的智力成果，包括：文字作品；口述作品；音乐、戏剧、曲艺、舞蹈、杂技艺术作品；美术、建筑作品；摄影作品；视听作品；工程设计图、产品设计图、地图、示意图等图形作品和模型作品；计算机软件；符合作品特征的其他智力成果。

从上述规定可以看出，版权法意义上的"作品"其构成条件有二：具有独创性，且能以一定形式表现（有学者认为可以称作"可固定性"，以区别于《著作权法》第三次修改之前的"可复制性"说法）。

在蒂姆联铂株式会社与北京吉祥大厦有限公司等著作权权属、侵权及不正当竞争纠纷案[1]中，一审法院与二审法院对案涉灯光效果（呈现）不属于著作权法意义上的"作品"进行了论述。一审法院认为："独创性是指作品应独立创作、源于本人，且具有一定水准的智力创造高度，即要求作品具有一定程度的智力创造性，能够体现作者独特的智力判断与选择、展示作者的个性并达到一定创作高度要求。""法律规定作品需能以某种有形形式复制，其意在限定作品应以一种较为确定的方式存在。"二审法院认为，"涉案灯展灯光

---

[1] 参见北京知识产权法院（2022）京73民终1250号民事判决书。

位置布局单一,灯光强弱、颜色变化随机,缺乏特定规律,使用的镜面反射手法常见,其给观者带来的美感和震撼感主要来源于密集光点、重复影像刺激视觉,镜面反射延展空间等自然现象和原理,以及设计者基于该等原理对器材的选取,却难以体现出设计者在线条、颜色等观众可感知内容上足够的独创性选择和安排。""从动态角度看,蒂姆联铂株式会社并未主张,亦未证明涉案灯光变化存在特定规律和逻辑,在案证据显示涉案灯光的明灭、强弱及颜色变化系随机进行,故某一时间段呈现的连续动态效果,是转瞬即逝而不可重复的,缺乏确定性;从静态角度看,《呼应灯森林》相关文献中曾记载上海展出的是'规模最大的《呼应灯森林》''规模最大的同类作品',蒂姆联铂株式会社一审法院庭审中亦称两个涉案灯展在展出时会根据场地大小调整灯泡数量、悬挂高度等,可见灯泡数量、位置等元素的增减、变化并不会明显影响整体表达效果,也可印证其表达形式的确定性较弱。"

在西安富康空气净化设备工程有限公司(以下简称富康公司)、苍龙集团有限公司著作权权属纠纷案[1]中,审理法院认为,是否具有独创性,是判断案涉专利的《说明书》及附图是否属于著作权法保护的作品的重要因素。富康公司主张的《说明书》及附图,对专利技术方案的表述、用词的选择、语句的排列等,均具有独创性并能以一定形式表现,属于文字作品。《说明书》及附图在整体的构图和布局安排上具有富康公司的个性化表达方式,具有独创性,属于产品示意图,构成著作权法意义上的作品。

在山东博赞文化传播有限公司(以下简称山东博赞公司)与广州妙学巧记教育科技有限公司(以下简称妙学巧记公司)侵害作品信息网络传播权纠纷案[2]中,一审法院在对争议焦点之一——"妙学巧记公司是否享有其所主张作品的著作权"进行说理时提及,"涉案图案在构图和创意方面,具有独创性,可以认定为美术作品……妙学巧记公司提交的《作品登记证书》显示其为涉案

---

[1] 参见陕西省高级人民法院(2022)陕知民终141号民事判决书。
[2] 参见广州知识产权法院(2019)粤73民终6636号民事判决书。

作品的著作权人。山东博赞公司对此无异议，且本案无相反证据证明妙学巧记公司并非涉案作品的著作权人……故一审法院确认妙学巧记公司对其主张权利的美术作品享有著作权……虽然山东博赞公司也持有国家版权局颁发的作品登记证书，但作品登记并非法定程序，作品登记证书不是赋权和确权证明……山东博赞公司在妙学巧记公司提出权利主张并提供相反证据情形下，应进一步举证，其仅依据作品登记证主张著作权……一审法院不予支持"。

> **篇章趣事**
>
> **版权登记还是作品登记**
>
> 我们经常听到"版权登记"甚至"申请版权"的说法，也有纸媒专家访谈栏目提及版权要登记才有。实际上，由于版权产生采取自动获得规则，版权并不是登记才有的，这与工业产权范畴的具有显著性和可识别性的标志经申请才有注册商标权、新方案或者新设计经申请才有专利权不同。因此，笔者认为，将平时所说的"版权登记"称作"作品登记"更为严谨。笔者在平素的版权培训场合，经常就此与学员展开互动，直到学员"知其所以然"为止。

四

重点疑难与实务争鸣

一个公正之人,不仅仅是一个谨守法律之人,也不仅仅是一个忠实法律之人;同理,我们不常说所谓"谨守法律的"法官,而只是谈"公正的法官";因为,一位谨守法律的法官本来就应该是一位公正的法官。(拉德布鲁赫,1932年)[1]

---

[1] [德]古斯塔夫·拉德布鲁赫:《法律智慧警句集》,舒国滢译,中国法制出版社2016年版,第161页。

权利穷竭与"发行权一次用尽"

权利穷竭的立法及实践，因各国国情存在差异，加之又区分专利、商标与版权等情形，其呈现颇为复杂。权利穷竭，在版权领域体现为"发行权一次用尽"。

在中国倡导的知识产权"创造、运用、保护、管理、服务"全链条政策下，"运用"与流通的关系看起来最为直接。比如，一款智能操作系统研发出来之后，著作权方可以通过与企业签署计算机软件著作权许可使用合同的方式，使该款智能操作系在企业间流转起来。

郑成思教授在其所著的《知识产权论》中将权利穷竭问题归入"知识产权的'垄断性'（专有性）与商品的自由流通"[1]一节，该节对应的章名为"知识产权侵权认定与权利限制"。书中提及，"在版权法中对有版权的商品的自由流通规定得最明确、也最有代表性的国家是联邦德国。它的1965年版权法（即现行法）第17条第（2）项规定：'一旦作品的原本或复制本，经有权在本法律适用地域内销售该物品之人同意，通过转让所有权的方式进入了流通领域，则该物品的进一步销售被法律所认可。'"西方法学家们把相关现象称为"专有权的穷竭"（the exhaustion of exclusive right）。在介绍、分析"武松打虎图"著作权侵权纠纷案、TRIPS协议关于知识产权的权利穷竭问题等内容时，郑成思教授在书中又提到"版权穷竭""权利一次用尽""销售权一次用尽"等多个类似术语。

在中国的司法实践中，审理法院如何理解"发行权一次用尽"？

---

[1] 郑成思：《知识产权论》（第三版），法律出版社2007年版，第246-264页。

在许某、中国财政经济出版社侵害出版者权纠纷案[1]中，法院指出，"'发行权一次用尽'原则，是指作品原件及经授权合法制作的复制件经著作权人许可，首次销售或者赠与后，著作权人就无权控制该原件或复制件的再次流转。也即合法获得该作品原件或复制件的所有权人可以不经著作权人许可将其再次出售或者赠与。适用该原则需同时符合以下两个条件：一是作品的复制件必须经过著作权人授权或根据法律规定合法制作；二是取得作品原件或合法制作的复制件的所有权已经经过著作权人许可或者根据法律规定销售或赠与"。

在应急管理出版社有限公司（曾用名煤炭工业出版社，以下简称煤炭出版社）与傅某、合肥三原图书出版服务有限公司（以下简称三原公司）等著作权权属、侵权纠纷案[2]中，审理法院专门在判决书中解释了何为"发行权一次用尽"原则——合法获得作品原件或复制件所有权的人可以不经著作权人的许可将其再次出售或赠与，即著作权人对特定作品原件或复制件的发行权在该特定原件或复制件首次被合法出售或赠与后即用尽。在该案中，审理法院就"煤炭出版社侵害了三原公司的发行权"一节进行说理时指出，"发行权一次用尽"原则适用的前提是作品复制件应当是经著作权人许可或根据法律规定合法制作的。然而煤炭出版社未经三原公司的授权，在其出版的涉案图书中使用楼适夷的《读家书，想傅雷》及傅雷夫妇给弥拉的英法文书信中译文的部分内容，向公众出售，该部分作品复制件属于未经著作权人许可非法制作的复制件，故煤炭出版社无权援引"发行权一次用尽"原则。

此外，在北京汉仪科印信息技术有限公司与苏果超市有限公司侵害著作权纠纷案[3]中，二审法院认为，权利用尽原则是指专利权人、商标权人、著作权人等知识产权权利人制造或者许可他人制造的权利产品售出后，他人再使用或销售该产品的行为因属于对其财产权的行使而不构成侵权。这是对知识产权权利和他人财产权的一种界分。

---

1 参见辽宁省大连市中级人民法院（2023）辽02民终1833号民事判决书。
2 参见江苏省高级人民法院（2019）苏民终955号民事判决书。
3 参见江苏省高级人民法院（2012）苏知民终字第0161号民事判决书。

"避风港规则"与"红旗标准"[1]

"避风港规则"(safe harbor)和"红旗标准"(red flag standard)为美国1998年《千禧年数字版权法》(DMCA)首创,是法院判定网络服务提供者是否构成间接侵权的"规则"和"标准"。前者属于网络服务提供者侵权责任的一种抗辩事由,后者属于网络服务提供者使用"避风港规则"进行侵权责任抗辩的一种例外。

既然"避风港规则"属于一种有条件的免责,那么就有必要讨论其免责的具体范围,以及"例外的例外"。一般认为,这个范围包括但不限于系统缓存、信息存储、搜索引擎。而"红旗标准"则被形象地比喻为,假如涉嫌侵权的情形"像一面色彩鲜艳的红旗在网络服务提供者面前公然地飘扬,以至于处于相同情况下的理性人都能够发现时,如果网络服务提供者采取'鸵鸟政策',即像一头鸵鸟那样将头深深地埋入沙子之中,装作看不见侵权事实"[2],则可以认定其间接侵权成立。此时,网络服务提供者以"避风港规则"进行抗辩,是无法被接受的。《民法典》对网络侵权责任、"通知与删除""反通知"等制度作出了明确规定。

某公司是一家汉服服装企业(以下简称汉服公司),同时也是"玉壶i标识"作品的著作权人,其销售的服装在相关消费者中具有较高的市场占有率。

---

[1] 赵俊杰:"避风港规则,有条件的免责","华南版权"微信公众号,2017年3月29日。
[2] 张雨寒:"论信息网络传播权的法律保护",网址:https://www.chinacourt.org/article/detail/2017/11/id/3083429.shtml,最后访问日期:2023年10月30日。

电商平台上的店主黄某，未经汉服公司许可，擅自在其设计、生产和销售的多款汉服服装上使用"玉壶i标识"作品，且在描述产品时，使用与汉服公司相同的文字介绍。汉服公司认为，店主和电商平台共同构成著作权侵权，遂将两者告上法庭。本案中，电商平台兼具网络内容提供者（ICP）和网络服务提供者（ISP）身份，关于其是否构成著作权侵权，存在两种不同的观点。第一种观点认为，电商平台未经许可使用作品，已构成著作权侵权，应当根据我国《著作权法》的规定直接承担法律责任，公司无须发出通知提醒。第二种观点认为，电商平台只是提供存储服务，黄某利用该服务对汉服公司实施侵权行为，汉服公司须首先向电商平台发出通知，要求电商平台对黄某的侵权店铺采取删除、屏蔽、断开链接等措施。如果汉服公司未发出通知提醒，则电商平台对黄某未经许可在其售卖的汉服服装上使用汉服公司的涉案作品不具有主观过错，依法不构成对汉服公司的著作权侵权。

笔者认为，判断电商平台是否对权利人构成著作权侵权，应当综合考虑以下因素：电商平台在个案中的地位、权利人产品或者服务的影响力证据、权利人是否向电商平台发出了处理侵权页面的通知、侵权行为的情节及后果，以及电商平台是否对店铺侵权存在主观过错等，不宜一概而论。

传统的侵权构成四要件：违法行为、损害事实、因果关系、主观过错，是否适用于著作权侵权的认定场合，实务中存在不同的看法。其中一个分歧点就在于，主观过错对著作权侵权认定是否有影响。例如，某出售牛肉的视频社交账号未经他人许可使用电视剧主题歌的旋律作为其发布的短视频的背景音乐，在认定该视频社交账号博主是否对他人曲作品著作权构成侵害时，是否必须考虑其存在过错？笔者认为，博主是否具有过错，并不影响其对曲作品作者的著作权侵权认定。

"归责"即确认和追究侵权行为人的民事责任。张新宝教授在其早期所著的《中国侵权行为法》一书中认为，归责原则为"criterion of liability"，即责任的标准或责任的基础，是归责的规则，与归责有所不同。[1] 也有学者未对归责、归责原则做严格区分。

"在现阶段，由于侵权法规范对象的复杂性和多层次性，世界各国的侵权法的归责原则都呈现多元化的趋势……张新宝教授认为：'侵权责任归责原则，是指以何种根据确认和追究赔偿义务人的民事责任，它所解决的是侵权的民事责任之基础问题。'"[2]

如前所述，"避风港规则"及"红旗标准"广泛应用于涉及网络服务提供者的著作权侵权判定场合。随着技术的发展，"避风港规则"受到多方面的质疑。广州知识产权法院黄彩丽法官撰文指出，"网络服务提供者在内容源接入同步技术的管控、内容分发主体的选择、推荐算法的运用、预防侵权的技术模式选定及侵权风险的应对方式等方面均具备优势。采用'删除+必要措施'原则认定网络服务提供者的责任，有利于鼓励著作权人创作优质作品，促成平台经济的有序发展，优化社会公众获取合法资讯的渠道，兼顾权利人、网络服务提供者和社会公众的利益"[3]。

---

[1] 冯晓青、杨利华等：《知识产权法热点问题研究》，中国人民公安大学出版社2005年版，第227-228页。

[2] 史文静、申玮："浅析我国侵权责任法的归责原则"，网址：https://www.chinacourt.org/article/detail/2012/11/id/789683.shtml，最后访问日期：2023年9月12日。

[3] 黄彩丽："网络服务提供者侵权归责原则反思"，网址：https://www.chinacourt.org/article/detail/2023/08/id/7453003.shtml，最后访问日期：2023年9月4日。

硬币的两面：修改权与保护作品完整权

著作权分为著作财产权（经济权利）和著作人身权（精神权利）。其中，著作人身权包括发表权、署名权、修改权以及保护作品完整权。一种观点认为，修改权与保护作品完整权是一枚硬币的两个方面。一枚硬币有两面，可直译为"A coin has two sides"，直观形象。以下通过几则案例进行介绍。

在黑龙江省德坤瑶医药研究院、刘某等与高某、民族出版社等侵害著作权纠纷案[1]中，二审法院认为，修改权和保护作品完整权是一个问题的两个方面，一方面作者有权修改自己的作品，另一方面作者有权禁止他人修改、增删或者歪曲自己的作品。

在上海宝尊食品销售有限公司（以下简称宝尊食品公司）等与龚某著作权权属、侵权纠纷案[2]中，一审法院认为，《著作权法》上的修改权是指修改或者授权他人修改作品的权利，修改权的意义在于保护作者的名誉以及声望，即他人不得以对作品的修改、变动来损害作者声誉。本案中，莱宝啤酒公司、宝尊食品公司对于"招财虎"作品在细节之处的改动并未达到歪曲、贬损龚某涉案权利作品的程度，尚不足以导致龚某声誉受到损害，且龚某未就其本人声誉因上述侵权使用遭受损害进行举证，因此，莱宝啤酒公司、宝尊食品公司的行为并未侵犯龚某的修改权。

---

[1] 参见广西壮族自治区高级人民法院（2013）桂民三终字第65号民事判决书。
[2] 参见上海知识产权法院（2021）沪73民终819号民事判决书。

在肖某与廖某侵害作品署名权、修改权、保护作品完整权纠纷案[1]中，二审法院在论及被上诉人的"廖记棒棒鸡店招"是否侵害上诉人的"廖记棒棒鸡"书法作品的保护作品完整权时提及，根据《著作权法》第十条第一款第四项之规定，保护作品完整权即保护作品不受歪曲、篡改的权利。歪曲是指故意改变事物的真相或内容，篡改则指用作伪的手段对作品进行改动或曲解。本案中，"廖记棒棒鸡店招"美术作品，系为店招使用，所使用的各元素包括"廖记棒棒鸡"书法作品，以及图形、字母等其他元素之间的搭配，起到了与其他商品和服务提供者的区别作用，并未歪曲、篡改"廖记棒棒鸡"书法作品，故肖某提出的该项上诉理由不能成立。

在中山市誉丰食品有限公司（以下简称誉丰公司）与黄某侵害作品修改权等纠纷案[2]中，一审法院在论及誉丰公司是否侵犯了黄某所享有的保护作品完整权时指出，歪曲是指故意改变事物的真相或内容，篡改则是用作伪的手段对作品进行改动或曲解。本案中，誉丰公司对涉案美术作品仅是翻转后进行了相应的截取，该编辑修改并未实质性地改变作者在作品中原本要表达的思想感情，也不会导致作者的声誉受到损害，其对涉案美术作品所作的编辑修改并未达到歪曲、篡改的程度。因此，黄某主张誉丰公司侵犯了其保护作品完整权没有依据。

作品修改权、保护作品完整权，有时与作品改编权交织在一起。例如，在涉及改编权、二次创作（二度创作）的案例——广州蓝弧动画传媒有限公司等与上海聚力传媒技术有限公司著作权侵权纠纷案[3]中，审理法院结合一审情况及《著作权法》规定，对改编权与复制权的异同、二次创作进行了说理。（1）关于改编权与复制权的异同。复制行为与改编行为均使用了原作品的表达，其区别在于行为人在使用原作品表达的基础上，是否进行了创造性的劳动并产生了新的作品。如果被诉行为改变了原作品，但没有创作出新作品，则该

---

1 参见四川省高级人民法院（2015）川知民终字第90号民事判决书。
2 参见广东省中山市中级人民法院（2014）中中法知民终字第152号民事判决书。
3 参见上海知识产权法院（2020）沪73民终544号民事判决书。

行为并不属于改编权所控制的范畴，而应为复制权所控制。（2）关于二次创作。与原创作品不同，衍生作品是在原作品的基础上进行二度创作，其创作难度与原创作品不可等量齐观。如果对衍生作品独创性的要求过低，一方面，如一审法院所言，原作品权利人容易通过对作品的不断改动，实质性地获得对作品著作权的永久保护；另一方面，对于原作品作者和衍生作品作者之外的第三人而言，如果其创作作品的表达介于原作品与衍生作品之间，则可能面临该行为究竟是侵犯了原作品著作权，还是侵犯了衍生作品著作权的困境，并可能导致具有很高相似性的作品存在多个权利主体的情形，不利于维护市场稳定。

对版权予以限制：合理使用

合理使用，是看起来像著作权法律术语，但不是著作权法律术语的例证。基于著作权法既鼓励创作又鼓励传播的立法宗旨，对著作权的限制，包括合理使用与法定许可、强制许可等制度，成为相关人员研习著作权法的必修内容。

围绕合理使用，学界及实务界存在诸多争论，主要争议点为边界不清，即行为人合理使用他人作品在哪些情况下往前一步则可能变为侵权。吴汉东教授在《著作权合理使用制度研究》[1]一书中对合理使用制度进行了多方位的论述，包括历史学探索（从出版特许权到著作权：产生的一般前提）、法哲学考察（理性的公平正义原则：法律价值）、经济学分析（法律制度与法律经济学）、宪法学评析（一枚硬币的正反面：著作权与言论自由权）、民法学思考（合理使用的对象：作品抑或权利），并且指出英国是合理使用制度的首倡者。王迁教授在其所著的《著作权法》中论及合理使用时，提到了"三步检验法"。"《伯尔尼公约》、TRIPs协定和WCT虽然均允许成员国对著作权规定限制和例外，但均以该规定只能在特殊情况下作出、与作品的正常利用不相冲突，以及没有不合理地损害权利人合法权益这三个条件为前提。这就是'三步检验法'或'三步检验标准'（Three-step Test）。"[2]

---

1 吴汉东：《著作权合理使用制度研究》，中国人民大学出版社2013年版。
2 王迁：《著作权法》，中国人民大学出版社2015年版，第321页。

法定许可、强制许可同为合理使用制度之外对著作权的限制制度，法定许可制度的法律规定较为完善。《著作权法》第三次修改对法定许可"教育场景"相关内容再次作了调整：明确删除"九年制"的限定词，并在涉及的作品种类方面增加"图形作品"；明确删去"作者事先声明不许使用"的除外规定。法定许可与合理使用的明显不同之处在于是否支付报酬，法定许可应当向权利人支付报酬。

保罗·戈斯汀教授所著的《著作权之道——从印刷机到数字云》（金海军译）[1]一书书名使用了"数字云"的概念。借助网络，包括手机终端分享与传播作品，越来越成为常态，这直接体现了著作权法既鼓励创作又鼓励传播的立法宗旨。关于对网络版权进行限制的必要性，杨小兰教授在《网络著作权研究》[2]一书中给出了四个方面的考量：（1）著作权法正义性价值理念；（2）减缓平等和效率冲突；（3）著作权本身反垄断需要；（4）资源优化配置。

准确认识与运用合理使用制度，将在把握著作权法立法宗旨、认识著作权事件，尤其是在著作权侵权纠纷案件中判定行为人是否构成侵权起到重要作用。

在上海菲狐网络科技有限公司、霍尔果斯侠之谷信息科技有限公司等著作权权属、侵权纠纷案[3]中，审理法院认为，基于特定的利益考量，《著作权法》中规定了特定的法律制度对著作权人的相关权利进行限制，根据《著作权法》规定的合理使用制度，在法律规定的特定情形下，使用作品可以不经著作权人许可，不向其支付报酬，但应当指明作者姓名或者名称、作品名称，并且不得影响该作品的正常使用，也不得不合理地损害著作权人的合法权益。审理法院还在裁判说理时结合署名权的侵权认定进一步指出，相较于法定许可，合理使用属于对著作权限制程度更高的一种情形。

---

1 保罗·戈斯汀：《著作权之道——从印刷机到数字云》，金海军译，商务印书馆2023年版。
2 杨小兰：《网络著作权研究》，知识产权出版社2012年版。
3 参见广州知识产权法院（2021）粤73民终1245号民事判决书。

拉锯战：作者认定与相反证明

我国《著作权法》规定，在作品上署名的自然人、法人或者非法人组织为作者，且该作品上存在相应权利，但有相反证明的除外。有一个现实的问题是，相反证明的力度多大，才会被法院采信？假设相反证明没有被采信、主张权利的人也不是真正的创作者，是否会导致循环诉讼，浪费司法资源。

在前文提及的娱乐壹公司、艾斯利公司与广州漫游引力文化科技有限公司、广州琶醍投资管理有限公司、迪高公司、广州水一策划展览服务有限公司著作权权属、侵权纠纷案中，审理法院特别指出，"从娱乐壹公司、艾斯利公司同时授权一家律所和一家公司的过程（未区分主次），可知基于信息不对称的情况时，两家被授权方维权过程难免产生'相互矛盾'的情形。特别在我国知识产权领域正处于'两个转变'的阶段，娱乐壹公司、艾斯利公司在此后的维权过程理应分清责任，理顺脉络，避免再出现本案诉讼的情形"。法院用心良苦，实际上也是引导避免诉累。

在上海某昱特图像技术有限公司（以下简称某昱特公司）与广州市某利电器有限公司（以下简称某利公司）（图片）著作权权属、侵权纠纷案[1]中，审理法院对某昱特公司是否享有涉案图片的著作权展开说理，认为：（1）展示涉案图片的网页标注有"某尔特数位影像对本图片或影视素材拥有合法版权

---

[1] 参见广东省广州市白云区人民法院（2013）穗云法知民初字第1038号民事判决书，广东省广州市中级人民法院（2014）穗中法知民终字第184号民事判决书。

权利"等内容，该内容可视为某尔特数位影像股份有限公司（以下简称某尔特公司）对涉案图片的署名，在没有相反证明的情况下，可以认定某尔特公司为涉案图片的著作权人。（2）某利公司在原审期间提交了网页打印件，但上述网页打印件未经公证，且某昱特公司对其真实性亦不予确认，故该证据不足以构成某尔特公司享有涉案图片著作权的相反证明。（3）某昱特公司通过《授权委托书》取得在中国展示、销售和许可第三人使用涉案图片的权利，并可以以自身名义对侵权行为提起民事诉讼。因此，法院确认某昱特公司对涉案图片享有相关的著作权。

在本案中，审理法院以相反证明——三份网页打印件未经公证且对方不认可其真实性进行说理，对相反证明不予采信。该说理并不为提出相反证明的一方所接受，理由有二：第一，公证并非民事诉讼当事人必须使用的证据固定方式。第二，对方不认可相反证明的真实性，是民事诉讼法庭对抗场景下的大概率事件。之后，尽管本案的再审并未有新的裁判观点出现，但有关作者认定与相反证明的争论并没有停止。

在著作权权属、侵权纠纷案中，被告方的代理人是否提交相反证明、提交什么样的相反证明、以何种形式提交相反证明更容易被审理法院接受进而作出对涉案作品权属、行为人是否侵权的公正认定，是本文讨论的意义所在。（1）代理人是否提交相反证明，要考虑案件的请求权基础，视诉讼启动方据以主张权利的作品权属稳定性、清晰程度而定。相反证明提得好，将起到釜底抽薪的诉讼效果，促使审理法院直接驳回原告起诉。（2）提交什么样的相反证明，可以参考我国《民事诉讼法》规定的证据种类，结合案情确定。书证、物证、视听资料，甚至当事人陈述均可以提交。具体到本案，网页、杂志、报纸等发表过的、与涉案图片相同或者相似的素材，均可以提交。（3）可以以纸质材料、光盘形式提交相反证明，也可以检索类案裁判文书，作为参考材料（非证据形式）向法院提交。

实践中，不认可被告提出的相反证明，认为启动诉讼一方天然拥有权利基础的审理法官不在少数。在有较多系列前案业已作出相同判决的情况下，审理法官如何在"寻求突破"与"遵循先例"之间作出平衡，是司法上的一个难题。

扑朔迷离的版权历史溯源研究

笔者早年读《中国古代版权史》，了解到宋代《东都事略》"不许覆版"的牌记，后来又陆续接触了《中国近代版权史》《枪口下的法律：中国版权史研究》《宋代书籍出版史研究》等对版权历史"追根溯源"的著述。

关于"不许覆版"这个牌记的意义，一种观点认为，这是对版权的最早保护例证。当然，也存在反对观点，认为其并非第一手创作，最多也就是版式等权益的保护史料罢了。实际上，围绕版权最早出现的时空问题，争论一直未曾停歇。

"关于中国版权史的研究和争论，不能脱离特定的语言环境，而应该在比较一致的对话基础上进行。在版权史溯源问题上，不能把版权元素、版权观念的萌生等都作为中国版权史的开端。已故著名知识产权专家郑成思先生说过，对中国版权史的研究，（在现有的史料基础上）只应追溯到宋代。就像对鸟类历史的研究，只能追溯到始祖鸟，而不能追溯到三叶虫一样。"[1]

"联合国教科文组织的文献认为，'版权历来与技术进步不可分割地联系在一起'。著名版权法学家郑成思先生认为：'有人把版权的起因与15世纪欧洲印刷术的发明联系在一起。但是，印刷术在更早的很多世纪之前就已在中国和朝鲜存在，只不过欧洲人还不知道而已。'同时他还认为：'无论东、

---

[1] 潘文娣、张凤杰："关于中国版权史溯源的几点思考"，载《出版发行研究》，2010年第12期，第63页。

西方的知识产权法学者，都无例外地认为版权是随着印刷术的采用而出现。但是在过去的许多年代里，大多数西方的版权法学专著或知识产权法学论述，又一律把古登堡（J. Gutenberg）在欧洲应用活字印刷术看作版权保护的开始。倒是一些从事印刷科学研究的自然科学领域的西方学者始终肯定地认为欧洲的印刷术是从中国传入的。'因此，如果版权确实是随着印刷术的采用而出现的，它就应当最早出现于我国。"[1]

从本篇两处引述内容中郑成思教授的观点或研究成果来看，对版权历史的溯源研究，涉及多个学科领域的交叉，其中就包括社会科学与自然科学研究的冲突，并不容易得出结论。因此，"版权"事件或活动最早出现于何地，记录这些活动或事件的介质有何特点，以及有代表性的研究方法、研究成果有哪些，需要版权爱好者持续发掘与考证。

> **篇章趣事**
>
> **电影用语的变化**
>
> 　　澎湃新闻报道，"洛阳市隋唐史学会要求《长安三万里》制片方致歉：与史实不符，已发律师函"。这里涉及一组易混词：制片方、制作方。我国现行《著作权法》已经不再使用"制片者"（制片方）一词，而是以"制作者"（制作方）代之。

---

[1] 李明山、蔡宗坚："中国盗版的起源和李渔的反盗版 | 版权史论研究"，网址：https://weibo.com/ttarticle/p/show?id=2309404760258319876853，最后访问日期：2023年9月18日。

五

司法裁判的思维方法

与数学和拉丁语相比,法学更适合训练人的逻辑思维。(拉德布鲁赫,1924年)[1]

---

[1] [德]古斯塔夫·拉德布鲁赫:《法律智慧警句集》,舒国滢译,中国法制出版社2016年版,第165页。

为何说授人以鱼不如授人以渔

"授人以鱼",不如"授人以渔"。授人以鱼只救一时之急,授人以渔则可解一生之需。有人把这段话直译为:"Give a man a fish and you feed him for a day; teach a man to fish and you feed him for a lifetime."可见学会打鱼的方法,要比拿到一定量的鱼重要得多。

笔者在线上、线下做了超过300场知识产权沙龙,有一点一直坚持着,那就是力求使每一场沙龙非同质化。其他群组或组织方已经研讨过的,要么不做,要做就做得深入一些,绝不鹦鹉学舌;其他群组或组织方还没有获取到的话题,可以尝试先做,让新的思想、新的思维、新的方法得到碰撞,积极传播,帮助更多的人。笔者认为,只有从非同质化的专题研讨中打破各类闭环,学术或实践才有实质进步的可能。诉讼审理、仲裁审理同样如此。

提到非同质化,提到思维方法,不得不说一下法律人对大数据的运用。长期以来,大数据为法律人开展调查研究提供了极为丰富的素材,解决了不少一线工作人员的燃眉之急。不过要注意,基于对以往案例等大数据的研判(也称为类案检索分析)作出的审理、代理方案,不过是"中等工程师"的水平(GPT工作机制尤其明显),尤其在因"惰性"等缘故导致的大数据出现惯性失误,而这种惯性失误的法律适用已悄然发生改变的情况下,要制作出有针对性的、出色的、超越前人的代理、审理方案,客观上将非常困难。

在华盖创意(北京)图像技术有限公司(以下简称华盖公司)诉广东锐

进广告有限公司著作权权属、侵权纠纷案[1]中，上诉人（原审被告）在论证"华盖公司没有足够有效的证据证明其享有本案所主张的著作权"时提及，"华盖公司提供盖帝公司副总裁的授权确认书及提交盖帝公司网站打印文件等证据证明盖帝公司享有涉案图片著作权，在被控侵权人对上述证据提出质疑的情况下，华盖公司应进一步举证证明盖帝公司系涉案图片的权利人"。审理法院最终没有采信上诉人的观点。在此类涉及图片的著作权权属、侵权纠纷案比比皆是的情况下，大多数审理法官、代理人关注的是既定的裁判说理及判项，比如权属及授权链条的清晰程度、赔偿数额的高低、法庭如何对待作者认定场景下的相反证明，等等。似乎没有更有说服力的理由让本次的审理法官、代理律师在类案场景下就审理方案、代理方案作出颠覆性的改变。

以上，涉及思维方法的讨论，本书尝试与读者共同寻找"打鱼"的方法。

---

[1] 参见广州知识产权法院（2015）粤知法著民终字第154号民事判决书。

严格保护与鼓励文化多元发展

针对涉滑稽模仿案件，审理法院的态度是严格予以保护，还是鼓励文化多元发展，不同的时期以及不同的审理法院，在实践上存在差异。"福禄娃"案[1]与"江南少年"案[2]中，审理法院便给出了不同的司法导向。

（一）"福禄娃"案

"福禄娃"案中，涉及对滑稽模仿是否属于合理使用的认定，体现了审理法院关于文化多元发展的司法导向。中国版权保护中心参与了《福禄·篇》与《葫芦兄弟》动画片人物美术形象及故事内容异同性的鉴定，该中心出具的鉴定报告将《福禄·篇》划分为30个桥段，认定其中8个桥段与《葫芦兄弟》动画片的桥段相似。审理法院没有支持《福禄·篇》中通过滑稽手段引用《葫芦兄弟》部分剧情的行为属于合理使用情形，主要理由是通观《福禄·篇》无法得出结论——作者创作《福禄·篇》的目的是介绍、评论《葫芦兄弟》或者说明某一问题，即不符合《著作权法》规定的"为介绍、评论某一作品或者说明某一问题，在作品中适当引用他人已经发表的作品"的合理使用

---

[1] 参见上海知识产权法院（2019）沪73民终391号民事判决书。
[2] 也称"此间少年"案、"同人作品案""金庸诉江南案"，即上诉人林某怡、杨某（《此间的少年》作者）、北京精典博维文化传媒有限公司与被上诉人北京联合出版有限责任公司、原审被告广州购书中心有限公司著作权侵权及不正当竞争纠纷一案。参见广州市天河区人民法院（2016）粤0106民初12068号民事判决书，广州知识产权法院（2018）粤73民终3169号民事判决书。

情形。

（二）"江南少年"案

"江南少年"案中，二审法院在裁判时指出，"为满足读者的多元需求，有利于文化事业的发展与繁荣，在采取充分切实的全面赔偿或者支付经济补偿等替代性措施的前提下，本案可不判决停止侵权行为。但《此间的少年》如需再版，则应向《射雕英雄传》《天龙八部》《笑傲江湖》《神雕侠侣》四部作品的权利人支付经济补偿。考虑到《此间的少年》所利用的元素在全书中的比重，本院酌情将经济补偿确定为按照其再版版税收入的30％支付"。审理法院虽然判决行为人停止侵权，但是允许行为人"在满足一定条件"时可以"再版"。

从以上两案的裁判进路可知，两案的裁判导向不同，究竟是趋于严格保护，还是鼓励文化多元发展，仍处于不甚明朗的状态，值得继续研究。因此，本书也将本篇归入思维方法的范畴。

判决停止侵权但允许再次发行

《民法典》规定的承担民事责任的主要方式包括：停止侵害、返还财产、继续履行、赔偿损失、付违约金以及消除影响、恢复名誉和赔礼道歉等。其中，停止侵害应该是最为常见的民事责任承担方式。

2023年4月，广州知识产权法院对"此间少年"案作出终审判决，认定被诉著作权侵权行为及不正当竞争行为成立。该裁判结果在著作权侵权部分与原审裁判观点迥异，而且如前文所述，行为人只要满足一定条件即可"再版"。消息一经公开，旋即引起包括热心读者、知识产权从业者、著作权集体管理组织成员在内的各界人士的广泛讨论。

判定行为人著作权侵权成立但不判决行为人停止发行行为，与传统民事责任承担方式的实践存在较大出入。

从著作权侵权认定的考量因素及司法导向来看，我国《著作权法》虽然经历了三次修改，但"利益平衡理论"一以贯之。《著作权法》规定，既要"保护"创作，又要鼓励"传播"，以"促进社会主义文化和科学事业的发展与繁荣"。审理法院在审理本案时，同时考量了法律因素及社会因素，判决被告方构成直接的著作权侵权，以及帮助侵权。本案处理最引人关注的内容之一是上文提及的判定行为人著作权侵权成立但不判决行为人停止再版即出版发行行为。这种著作权侵权纠纷案司法实践中关于民事责任承担的"变通"做法，体现了十分复杂的法律现象，也涉及司法工作与"服务大局"的关系讨论，按照常规的侵权责任判定规则去分析是相当困难的，同前篇一样归入思维方法的范畴。

院庭长阅核制与审判独立原则

独立进行仲裁、审判，是仲裁、诉讼活动的基本原则。《仲裁法》第八条规定，仲裁依法独立进行，不受行政机关、社会团体和个人的干涉。《民事诉讼法》第六条第二款规定，人民法院依照法律规定对民事案件独立进行审判，不受行政机关、社会团体和个人的干涉。

在仲裁活动中，"核阅"的专业水平已经成为衡量裁决质量的因素之一，但我国的实践尚待完善。

在诉讼实践中，"有人认为'监督就是干预、查阅就是违规'。关于院庭长与合议庭、法官的职权划分问题的讨论，从司法改革伊始一直延续至今"。按照"审批制"，"院庭长不同意合议庭、独任法官意见的，可以直接调整、改变合议庭、独任法官裁判意见，进而导致审者不判、判者不审，司法责任不清、错案难以追责"。而按照"阅核制"，"庭长不同意合议庭、独任法官意见的，不能直接调整、改变，可以建议复议、提请专业法官会议讨论、报请院领导提交审委会讨论"。"在'阅核制'中，裁判由院庭长依职权'阅核'、由法定审判组织依法作出，职能明确、责任清晰。"[1]

有人认为，阅核制的时代来了，它将深刻改变现有的案件审理推进模式。笔者认为，仲裁活动核阅的探索与诉讼活动阅核机制的建立，与公正及时

---

[1] 孙航："'阅核'与'审批'不同的理据"，"最高人民法院"微信公众号，2023年9月9日。

推进仲裁，以及以事实为根据、以法律为准绳及时公正推进诉讼，并不存在直接的矛盾，在法治框架下融合运用阅核、核阅机制以达个案正义，是包括审理法官、仲裁员、代理人在内的所有法律人应当共同努力实现的。考虑仲裁场景的核阅制度以及诉讼场景的阅核制度，是总体使用较少但与裁判相关的实务制度，本书将此归入思维方法的范畴。

法律效果与社会效果的"度量衡"

温度，通常和阳光相伴相生，每一个个体都有机会感受得到。最高人民法院表态：人民法院要坚决防止谁闹谁有理、谁横谁有理、谁受伤谁有理等"和稀泥"做法，让司法有力量、有是非、有温度。这里提到了司法的温度。此前，也曾在何帆先生为《罪行》一书所作的序——《有故事的人》中，看到司法温度的提法。

在第十五次全国检察工作会议上，"张军检察长再次强调，要坚持政治效果、社会效果、法律效果相统一。"[1] 关于法律效果、社会效果、政治效果之于司法、检察等法律工作的适用，实践中直接影响一线办案人员工作的推进。

当法律效果与社会效果"发生冲突"时，我们应当如何对待？"所谓的社会效果就是法律的实质正义，法律的立法、司法、执法就是为了追求好的社会效果。从这一点出发，我们可以说，法律效果和社会效果比起来，法律效果是第一位的、绝对的，是客观的，因为法律是有标准的，固定的。"[2] 当法律效果与社会效果"发生冲突"时，法律效果是第一位的。

---

[1] 检察日报评论员："坚持政治效果社会效果法律效果相统一——四论学习贯彻第十五次全国检察工作会议精神"，网址：https://www.spp.gov.cn/spp/zdgz/202101/t20210115_506554.shtml，最后访问日期：2023年9月4日。

[2] 张军："最高人民法院院长张军：离开法律效果就不要谈什么社会效果"，网址：https://mp.weixin.qq.com/s?__biz=MzI5MDc4MDc4Mw==&mid=2247522508&idx=1&sn=7031f2ac4258ce4acd026160e10de9b4，最后访问日期：2023年9月4日。

《〈最高人民法院关于加强和规范案件提级管辖和再审提审工作的指导意见〉的理解与适用》中提到，案件是否应当提级管辖、提到什么层级的法院审理，需要统筹考虑案件所涉利益、规则意义、繁简程度、示范作用、关联群体等多重因素，不宜一概而论。有的案件涉及群体因素，必须紧密依靠地方党委政府开展工作，推动争议实质性化解，不宜轻易将矛盾上交。有的案件虽然涉及疑难复杂问题，但上级法院之前已通过提级管辖作出示范性裁判，不再具备首案效应，可以由下级法院继续审理。

在前文提及的娱乐壹公司、艾斯利公司与广州漫游引力文化科技有限公司、广州琶醍投资管理有限公司、迪高公司、广州水一策划展览服务有限公司著作权权属、侵权纠纷案中，除合法来源抗辩及呈现授权链条完整的庭审交锋之外，一审法院结合知识产权"两个转变"的司法政策作出裁判也值得研究。在某些作品或者角色形象家喻户晓的情况下，如"福禄娃"案中的涉案角色形象，以这些形象为权利基础启动的著作权侵权纠纷诉讼中，让审理法院作出鼓励"滑稽模仿"的裁判，在"社会效果"上存在困境。

综上所述，笔者认为，作为代理人、辩护人，除了对案情和法律规则的熟知，对司法政策的理解与运用也是必要的，这当归入思维方法的范畴。

|五| 司法裁判的思维方法

司法主联动促进非公经济发展

2023年10月10日，最高人民法院举办新闻发布会，发布《最高人民法院关于优化法治环境　促进民营经济发展壮大的指导意见》（以下简称《指导意见》）。《指导意见》在"持续提升司法审判保障质效"部分，"从完善人民法院相关工作机制的角度，提出7项具体措施（摘要说明附后）。特别强调，各级人民法院要落实落细抓前端治未病、双赢多赢共赢、案结事了政通人和等司法理念，增强实质性化解涉民营企业矛盾纠纷的成效，坚决防止因'程序空转'加重民营企业诉累，积极运用府院联动等机制，充分发挥司法建议作用，促进从源头上预防和解决纠纷，形成促进民营经济发展壮大的工作合力。"[1]

（一）在"强化能动司法履职"部分

再次提到"三个效果统一"。具体为："落实落细抓前端治未病、双赢多赢共赢、案结事了政通人和等司法理念，努力实现涉民营企业案件办理政治效果、社会效果、法律效果有机统一……"

（二）在"公正高效办理民刑行交叉案件"部分

提及"积极推动建立和完善人民法院与公安机关、检察机关之间沟通协

---

[1] "最高法发布《关于优化法治环境　促进民营经济发展壮大的指导意见》"，"最高人民法院"微信公众号，2023年10月11日。

调机制，解决多头查封、重复查封、相互掣肘等问题，促进案件公正高效办理"。

（三）在"完善拖欠账款常态化预防和清理机制"部分

提及"严厉打击失信被执行人通过多头开户、关联交易、变更法定代表人等方式规避执行的行为，确保企业及时收回账款"。

（四）在"严禁超权限、超范围、超数额、超时限查封扣押冻结财产"部分

提及"严格规范财产保全、行为保全程序，依法审查保全申请的合法性和必要性，防止当事人恶意利用保全手段侵害企业正常生产经营"。

（五）在"强化善意文明执行"部分

提及"加快修订相关司法解释，建立健全失信被执行人分类分级惩戒制度及信用修复机制"。

（六）在"高效率低成本实现企业合法权益"部分

提及"加强诉讼引导和释明……防止一些中小微民营企业在市场交易中的弱势地位转化为诉讼中的不利地位，实现实体公正与程序公正相统一"。

（七）在"深化涉民营企业解纷机制建设"部分

提及调解、仲裁、诉讼等多元化纠纷解决机制。"持续优化诉讼服务质效……支持民营企业选择仲裁机制解决纠纷……坚持和发展新时代'枫桥经验'，坚持把非诉讼纠纷解决机制挺在前面，充分发挥多元解纷效能……深化与工商联的沟通联系机制，畅通工商联依法反映民营企业维权诉求渠道。保障商会调解培育培优行动，优化拓展民营企业维权渠道，不断提升民营经济矛盾纠纷多元化解能力水平。"

中国密集出台包括《指导意见》在内的非公经济支持政策，此类政策将直接影响诉讼案件的立案、审理、执行等各个环节。因此，本书将非公经济司法政策归入思维方法的范畴。

篇章趣事

大炮轰出的《法国民法典》

《法国民法典》（Civil Code），又称《拿破仑法典》（Napoleonic Code），是如何出台的？

拿破仑说："我一生40次战争胜利的光荣，被滑铁卢一战就抹去了，但我有一件功绩是永垂不朽的，这就是我的法典。"

"（民法典）草案在法案评审委员会上遭到了共和主义者的反对。面对攻击，拿破仑亲自参加了草案的多次讨论。有据可查，在102次讨论会中，拿破仑至少在57次会议上作为主席扮演着重要角色。1804年3月21日，是《法国民法典》在议会的最后一次表决。据说，拿破仑在议会大厦外架起了几十门大炮。表决前，拿破仑面对全体议员，手指阵列在大厦外的大炮，高声喊道：'今天法典将在这里表决，如果通不过，大炮将发出悲哀的吼声，如果通过，大炮也将发出欢呼的轰鸣，总之，大炮是要响的！'"[1]

---

1 林海："巴黎与法"，"风云法眼"微信公众号，2018年6月8日。

六

案例蕴藏的解锁密码

> 正确法的概念应是实证的,同样地,实证法的任务在内容上应是正确的。(拉德布鲁赫,1914年)[1]

---

[1] [德]古斯塔夫·拉德布鲁赫:《法律智慧警句集》,舒国滢译,中国法制出版社2016年版,第6页。

授权认定是著作权案件审理关键

授权是版权流转的出发点,也是法官审理版权案件的主要关注点之一。

当前,人们的观念逐渐从免费下载音乐、图文、视频的年代转变过来,作品的使用经历了一个从免费到付费的理念更迭过程,经授权方得使用的法律理念开始生根发芽。

在审理涉及图片、歌曲、影视作品以及玩具作品的著作权侵权纠纷案件时,法官会重点审查行为人获取授权(取得授权的有效性、连贯性)的情况。此时,有一种特殊情况,那就是著作权集体管理组织("中国的五家著作权集体管理组织"另篇介绍)的参与——如果使用人在下载或者使用图片、歌曲、影视作品之前已经加入对应的著作权集体管理组织,则在侵权责任的认定及承担方面,法院将做区别对待。

需要特别指出的是,没有对应的著作权集体管理组织,企业或个人生产、销售婴童用品及玩具要严格遵循经授权方得使用的著作权法基本规则。

以下区分作品种类,并结合著作权集体管理组织诉讼实践予以介绍。

(一)摄影作品案例

优秀的摄影作品可以体现摄影师对摄影构图、曝光技术、焦距调节、色彩搭配、瞬间捕捉等因素的把控,他人使用须体现对摄影成果的尊重。使用者未经许可,在非对著作权进行限制的场景下使用他人摄影作品,比如公司在其运营的网站、微博、微信公众号上使用,将可能被告上法庭。在朱某与演员林某、北京微梦创科网络技术有限公司侵犯著作权纠纷案[1]中，原告的诉讼请求及事实理由提及其"曾在部队从事新闻摄影工作多年，深受军人爱国主义情怀的感染，拍摄了一系列相关题材摄影作品"；摄影作品《中华男儿》（十位硬汉光着膀子站成一排）"展现我国侦察兵的真实面貌，反映了中华民族的气节与民族精神"。被告一林某在其新浪微博上晒出前述照片，作为庆祝其微博关注量达到2100万回馈粉丝的"礼物"。值得注意的是，林某将照片中一位位置相对突出的人物PS成自己，并在微博中写道："……光头的我造型还是可以的"。朱某将林某告上法庭，要求停止侵权、赔礼道歉、消除影响，并提出索赔。笔者提醒，使用他人作品应当同著作权人订立许可使用合同，且通常应当指明作者姓名、作品名称；他人未经许可，不得修改作者享有著作权的作品；歪曲、篡改他人作品依法应当承担法律责任。否则，如果使用行为超出通常理解的"为个人学习、研究或者欣赏"的合理使用范围，可能承担相应的法律责任。

（二）音乐作品案例

优秀的音乐作品应当被广泛传播，尤其是在商业演出的过程中，"输出方"应当对音乐作品的"创作方"给予应有的尊重，有义务对演出曲目的权源进行必要审查，以使节目顺利播出并起到社会效果。若忽视版权引起纷争，不但不利于良性版权环境的构建，表演者、节目制作者、播出平台还可能因侵权承担相应的法律责任。

比较有影响的翻唱案例或行为包括音乐作品《春天里》被"翻唱"、维塔斯《歌剧2》被翻唱，以及短视频平台主播的各种翻唱行为。综艺节目运作是复杂的系统工程，在节目筹划、制作、播出的各个环节，均有必要对节目可能涉及的著作权具体权项进行分析，签署授权书或者其他形式的合作协议非常重要。

---

[1] 参见北京市海淀区人民法院（2017）京0108民初1334号民事判决书。

（三）院线作品案例

《马拉喀什条约》是保障阅读障碍者平等欣赏作品和接受教育权利的"世界上第一部，也是迄今为止唯一一部版权领域的人权条约"。[1] 在上海俏佳人文化传媒有限公司（以下简称俏佳人公司）与北京爱奇艺科技有限公司（以下简称爱奇艺公司）侵害作品信息网络传播权纠纷案[2]中，爱奇艺公司在授权区域及授权期间享有涉案影片《我不是潘金莲》的独占性信息网络传播权，俏佳人公司系"无障碍影视"网站的主办单位，负责提供"无障碍影视"App的运营服务。俏佳人公司运营的"无障碍影视"App提供的涉案影片在原有影片的基础上添加了配音、手语翻译及声源字幕，没有提供有效证据表明已取得合法授权。二审法院经审理认为，俏佳人公司的被诉侵权行为不符合《著作权法》规定的"以阅读障碍者能够感知的无障碍方式向其提供已经发表的作品"的合理使用情形。

（四）玩具作品案例

司法实践中，涉及婴童用品与玩具类的著作权侵权案件在广东汕头等地多发。在原告经纶公司与被告吕某等著作权权属、侵权纠纷案[3]中，审理法院认为，吕某等未经经纶公司许可，擅自生产、销售涉案侵权产品；悦然公司以促销为目的向客户赠送涉案玩具产品的行为，本质上属于销售行为。吕某、悦然公司的行为，均属于侵害涉案美术作品著作权的行为。

---

[1] 新华社："全国人大常委会会议表决通过关于批准马拉喀什条约的决定"，网址：https://www.gov.cn/xinwen/2021-10/23/content_5644496.htm，最后访问日期：2023年9月1日。

[2] 参见北京知识产权法院（2021）京73民终2496号民事判决书，北京互联网法院（2020）京0491民初14935号民事判决书。

[3] 参见湖北省武汉市中级人民法院（2007）武知初字第92号民事判决书，湖北省高级人民法院（2008）鄂民三终字第24号民事判决书。

（五）涉著作权集体管理组织授权的案例

著作权集体管理组织的民事诉讼授权，因具有一定的普适性，一并在本文简要介绍。

《著作权法》规定，著作权人可以授权著作权集体管理组织行使权利。著作权集体管理组织被授权后，可以以自己的名义为著作权人主张权利，并可以作为当事人进行涉及著作权的诉讼、仲裁活动。《著作权集体管理条例》规定，权利人与著作权集体管理组织订立著作权集体管理合同后，不得在合同约定期限内自己行使或者许可他人行使合同约定的由著作权集体管理组织行使的权利。由以上规定可知，音乐人与中国音乐著作权协会（以下简称音著协）之间建立的关系，是以授权为基础的。除非音乐人明确放弃诉权，已加入协会的音乐人单独行使诉权应当得到法院支持，但要注意不得重复起诉。

在广东大圣文化传播有限公司与洪某、韩某、广州音像出版社、重庆三峡光盘发展有限责任公司、联盛商业连锁股份有限公司侵犯著作权纠纷案[1]中，法院提审认为，音乐人将著作权中的财产权利授权音著协管理之后，其诉讼主体资格是否受到限制，取决于其与音著协订立的著作权集体管理合同是否对诉权的行使作出明确的约定。合同中未对诉权问题作出约定的，音乐人行使诉权不应受到限制。

通过以上分析可知，授权认定是著作权权属、侵权纠纷案件审理工作的重点。它与审理法官对实质性相似的判断，共同构成著作权权属、侵权纠纷案审理法官的"重头戏"。

实践中，版权授权通常通过合作协议或者单独的授权书予以确认。其中，对授权涉及以下事项建议作详细约定，以方便法院认定及后续各方遵照履行：（1）许可使用的权利种类；（2）所许可使用的权利是专有使用权还是非专有使用权；（3）许可使用的地域范围与期间；（4）付酬标准和办法；（5）违约责任；（6）争议解决机制（协商、调解、诉讼或者仲裁）。关于

---

1 参见最高人民法院（2008）民提字第51号民事判决书。

实践中存有争议的授权文本涉及提起诉讼及索赔的问题，广东省深圳市中级人民法院祝建军法官曾结合著作权法律规范与民事诉讼基本原理撰文分析指出，"知识产权诉权应以享有实体权利为条件，无实体权利即无诉权。"[1] 尽管如此，授权文本涉及诉讼启动以及索赔的情形在各地法律实践中依然大量存在，司法实践中也没有形成统一的做法。

---

1 祝建军："知识产权诉权以享有实体权利为条件"，网址：https://www.chinacourt.org/article/detail/2014/01/id/1205122.shtml，最后访问日期：2023年10月5日。

对请求权基础的准确理解与适用

我们在诉讼、仲裁实务中,经常讨论"请求权基础",法官、仲裁员、代理人均会用到。至于什么是请求权基础,是法律关系,是规范依据,还是诉讼原告据以启动诉讼程序或者仲裁申请人据以启动仲裁程序的一种权利?实践中,对请求权基础的理解存在诸多差异。以下通过三个诉讼案例并结合仲裁实践予以介绍。

(一)将请求权基础等同于请求权

在李某、郑某等确认合同无效纠纷案[1]中,上诉人李某在事实和理由部分提及,"民间借贷案件中请求被告二承担借贷合同违约责任,请求权基础是基于借贷合同成立的借款返还和利息支付请求权。侵权责任纠纷案件中请求被告二承担因违反法定审慎义务承担侵权连带清偿责任,请求权基础是基于侵权行为的赔偿损失请求权。"本案中,当事人将请求权基础做了等同于请求权的处理。

(二)将请求权基础作为合同关系

在招商银行股份有限公司上海延西支行诉徐某储蓄存款合同纠纷案[2]中,二审法院认为,"本案被上诉人提起诉讼的请求权基础为储蓄存款合同关系,

---

[1] 参见河北省沧州市中级人民法院(2022)冀09民终450号民事裁定书。
[2] 参见上海市第一中级人民法院(2017)沪01民终9300号民事判决书。

手机运营商并非合同以及本案的当事人,手机运营商是否存在过错……并非本案审理范围。"

(三)将请求权基础等同于债权

在吕某会、吕某财等案外人执行异议之诉案[1]中,牡丹江建工集团有限公司在答辩意见中提及,"原告的预告登记请求权基础是普通债权,并不符合物权登记的条件,更不能够确定的取得案涉房屋的不动产物权。"本案中,当事人将请求权基础做了等同于债权的处理。

在仲裁实践中,例如,在某建筑工程合同纠纷仲裁案审理中,被申请人代理人提及请求权基础,将请求权基础做了等同于解除权的理解。再如,有仲裁庭在仲裁庭意见说理部分将请求权基础等同于一种具体的民事法律行为,如胁迫行为。

从上述三个诉讼案例及仲裁实践可以看出,在中国的司法、仲裁实践中,法官、仲裁员、代理人对请求权基础的理解存在诸多差异,而且短期内没有形成统一观念的趋势。因此,如何准确理解请求权基础进而适用到具体案件办理中,是亟待解决的一个实务课题。

民事权利类型繁多,按照作用可以划分为支配权、请求权、形成权、抗辩权。其中,谢鸣在《请求权基础理论》一文中转引梁慧星教授的观点——请求权又"以其基础权利之不同,分为债权上请求权、物权上请求权、基于他物权上请求权、知识产权请求权"。[2]

"请求权基础是指得以支持当事人的诉讼主张能够成立的法律规范,也可以称为请求权规范。王泽鉴在其《法律思维与民法实例——请求权基础理论体系》一书中认为,请求权基础是法律人处理案例、寻求答案的核心工作。"[3]

---

[1] 参见牡丹江市西安区人民法院(2021)黑1005民初1449号民事判决书。
[2] 谢鸣:"请求权基础理论","中国法院网"微信公众号,2005年7月6日。
[3] 陈永强、陈晶玮:"论请求权与诉的关系","法盏"微信公众号,2021年5月13日。

本书认为，将请求权基础看作法律规范的观点，即将请求权基础看作得以支持当事人诉讼请求、仲裁请求能够成立的法律规范的观点，相对有进一步研究和运用的空间。

基于前述分析，法官、仲裁员在审理诉讼案件、仲裁案件时，以及代理人在代理诉讼案件、仲裁案件时，应当谨慎使用"请求权基础"的表达。

中国的五家著作权集体管理组织

由于著作权集体管理组织的代为诉讼资格由《著作权法》明确规定，因此准确理解法律规定的本义是授权而动，是解锁著作权集体管理组织参与著作权侵权纠纷、著作权合同纠纷诉讼的关键。

根据《著作权集体管理条例》的规定，著作权集体管理组织是指为权利人的利益依法设立，根据权利人授权、对权利人的著作权或者与著作权有关的权利进行集体管理的社会团体。《著作权法》（2020年修正）将著作权集体管理组织界定为"非营利法人"，并基于授权机制明确规定，著作权集体管理组织被授权后可以以自己的名义为著作权人和与著作权有关的权利人主张权利，并可以作为当事人进行涉及著作权或者与著作权有关的权利的诉讼、仲裁、调解活动。

截至目前，中国共有五家著作权集体管理组织，它们分别是：中国音乐著作权协会（MCSC）、中国文字著作权协会（CWWCS）、中国音像著作权集体管理协会（CAVCA）、中国摄影著作权协会（ICSC），以及中国电影著作权协会（CFCAC）。其中，中国音乐著作权协会于1992年率先成立，成为中国第一家著作权集体管理组织；中国文字著作权协会是我国唯一的文字著作权集体管理组织，同时也是负责全国报刊和教材"法定许可"使用费收转工作的唯一法定机构。

前述五家著作权集体管理组织吸收了大批对应领域的创作者作为会员，在被会员授权行使著作权或者邻接权以后，可以以自己的名义为会员主张权利,并且可以作为当事人进行涉及著作权或者邻接权的诉讼、仲裁、调解活动。在佛山市网红汇娱乐有限公司、中国音像著作权集体管理协会侵害作品放映权纠纷案[1]中,审理法院认为,中国音像著作权集体管理协会提供的音乐电视专辑、公证书载明著作权人及相关的授权情况,依据《著作权法》可以确认该协会有权以自己名义对权利人滚石国际音乐股份有限公司授权管理的音乐电视提起相关著作权侵权诉讼。

在黑龙江日报报业集团与中国摄影著作权协会(以下简称摄著协)侵害作品信息网络传播权纠纷案[2]中,二审法院认为,"涉案照片属于摄影作品……武某系涉案照片的作者,自其摄影作品创作完成之日起即享有全部著作权。武某通过与摄著协签订《摄影著作权合同》《摄影著作权协议》等将涉案照片一定期限内的信息网络传播权及维权权利授权给摄著协,且被诉侵权行为的公证保全时间处于该期限内,武某出具的《声明》亦可与前述协议相互印证,故根据著作权法的相关规定,摄著协作为著作权集体管理组织获得了作者武某的授权,可以以自己的名义单独提起诉讼。"

在中国音乐著作权协会与厦门市前沿科技开发有限公司等著作权侵权纠纷案[3]中,中国音乐著作权协会以再审申请人(一审原告、二审上诉人)的身份参与诉讼活动,而中国音像著作权集体管理协会以原审第三人的身份参与诉讼活动。

---

1 参见广东省佛山市中级人民法院(2023)粤06民终5813号民事判决书。
2 参见北京知识产权法院(2022)京73民终300号民事判决书。
3 参见上海市高级人民法院(2023)沪民申717号民事裁定书。

解除条件的成就：权利义务终止

根据《民法典》第五百六十六条的规定，合同解除后，尚未履行的，终止履行；已经履行的，根据履行情况和合同性质，当事人可以请求恢复原状或者采取其他补救措施，并有权请求赔偿损失。合同因违约解除的，解除权人可以请求违约方承担违约责任，但是当事人另有约定的除外。

合同解除是合同约定的权利义务终止的一种情形。以下通过三则案例进行介绍。

（一）合同解除与违约责任承担

在杨某、彭某与王某计算机软件著作权转让合同纠纷案[1]中，二审法院明确指出，案涉合同的解除，并不免除一方当事人应当承担的违约责任。

王某与闪展云公司于2018年6月27日签订《闪展云全景展示系统合同》，王某委托闪展云公司开发定制VR全景展示系统软件，闪展云公司应于2018年8月15日之前完成最终测试并上线。双方已对涉案系统在闪展云公司服务器上进行测试，并无异议，但对测试后涉案系统的功能完备性存在争议。

法院认为，对涉案系统功能能否正常运行属于合同义务履行方应当承担的举证责任，受托方虽然已经证明进行了测试，且委托方也已受领了其交付的

---

[1] 参见陕西省高级人民法院（2022）陕知民终124号民事判决书，陕西省西安市中级人民法院（2021）陕01知民初1377号民事判决书。

源代码、数据库，但由于委托方在受领后一直存在异议，并未认可受托方交付的软件符合合同约定，故受托方仍应证明其履行行为符合合同约定。此外，根据受托方自认事实，其所交付的软件支付系统并未完成，且存在程序错误，可以确认其给付行为属于不符合约定的给付，应当承担相应的违约责任。

根据《民法典》合同编的规定，除当事人另有约定，"合同因违约解除的，解除权人可以请求违约方承担违约责任"。此前《合同法》（已失效）"解除的效力"条款对此并无明确约定。

（二）承揽合同任意解除权行使

技术开发合同与承揽合同有时存在交集，比如均有交付载体的情况。但具体判断合同性质时，还要结合两类合同的主要特征来进行。

在上海某威贸易有限公司（以下简称某威贸易）与上海某松文化传播有限公司（以下简称某松文化）服务合同纠纷案[1]中，法院认为案涉合同并未约定新技术、新产品的研究开发等问题，也未约定研究开发计划、研究开发经费、研究开发成果等技术开发合同中通常会约定的内容，案涉合同基本符合承揽合同的特征，而不符合技术开发合同的特征，在承揽人义务尚未完全完成的情况下，定作人有任意解除权。

2020年5月14日，某松文化与某威贸易签订《文创体验馆多媒体合同书》（以下简称《合同书》），约定某松文化委托某威贸易制作"文创体验馆多媒体事宜"。《合同书》第九条在"逾期交付的违约责任"部分约定："逾期30天仍未交付的或者交付的制作内容经过二次修改仍无法达到甲方要求的，甲方有权解除合同。"

对于当事人可否选择约定解除权，还是行使法定解除权，法院认为首先应判别案件系承揽合同纠纷还是技术开发合同纠纷。根据法律规定，承揽合同

---

[1] 参见上海市第二中级人民法院（2022）沪02民终4347号民事判决书，上海市青浦区人民法院（2021）沪0118民初10664号民事判决书，上海市青浦区人民法院（2021）沪0118民初10664号民事裁定书。

是承揽人按照定作人的要求完成工作，交付工作成果，定作人给付报酬的合同；技术开发合同是指当事人之间就新技术、新产品、新工艺或者新材料及其系统的研究开发所订立的合同。承揽合同的标的物一般是动产，定作人享有承揽合同的单方解除权。相比而言，本案合同权利义务约定不符合技术开发合同而更接近承揽合同特征。因此，本案属于承揽合同定作人行使任意解除权的例证。

（三）违约导致技术委托开发合同解除

对约定解除与法定解除条件是否成就的理解与适用，是代理人在合同实务中必备的技能。考虑《民法典》合同编保护交易安全，促进合同交易的主要立法目标，代理人结合基础交易等因素设定明确的合同解除条件是一门不小的学问。

在陈某、天地阳光通信科技（北京）有限公司（以下简称天地阳光公司）等技术委托开发合同纠纷案[1]中，法院指出，技术委托开发合同中，受托方应当根据合同约定完成开发工作，对其在约定的期限内交付了符合双方约定或行业标准的开发成果负有证明义务，不能举证证明的应当承担相应的法律后果。

本案中，涉案合同既约定了总的开发时间为合同签订后5个月，又约定了阶段性开发技术成果的交付验收和付款条件，双方争议的事实集中于第二笔款项的付款条件是否成就，即根据涉案合同约定："乙方于合同签订后3个月内交付3套样机供甲方阶段验收，实现4K@30fps视频采集，H265编码，码流网络传输和SD卡录像等功能，功能验收通过后，付合同金额30%。"对于长沙梓瞳公司在合同履行的过程中，是否存在根本违约导致委托方天地阳光公司不能实现合同目的，法院认为，长沙梓瞳公司在阶段性技术成果的样品交付数量、产品质量以及整个项目的开发周期等方面均违反了合同约定。

---

[1] 参见最高人民法院（2022）最高法知民终39号民事判决书，北京知识产权法院（2019）京73民初1804号民事判决书。

长沙梓瞳公司未能在合同约定的开发周期内交付符合验收标准的产品，甚至未能交付符合第一阶段"功能验收通过"的样品，天地阳光公司有权根据合同约定行使解除权。

合同解除的约定情形或者合同解除的法定情形，以及合同解除的法律后果，是多数涉及合同的诉讼、仲裁当事人要面临的问题。《民法典》第五百六十三条延续了《合同法》（已失效）的规定，列举了五种合同法定解除的情形。其中，如何认定"当事人一方迟延履行债务或者有其他违约行为致使不能实现合同目的"，是实践中常见的争点和难点。

行政处罚案件与侵犯知识产权犯罪

2016年，最高人民法院发布《关于在全国法院推进知识产权民事、行政和刑事案件审判"三合一"工作的意见》（以下简称《意见》），引导由"知识产权审判庭"统一审理知识产权民事、行政和刑事案件。《意见》将涉及知识产权的民事案件、行政案件、刑事案件分别界定为：

"一般知识产权民事纠纷案件"是指除专利、植物新品种、集成电路布图设计、技术秘密、计算机软件、驰名商标认定以及垄断纠纷案件之外的知识产权民事纠纷案件。

"知识产权行政案件"是指当事人对行政机关就著作权、商标权、专利权等知识产权以及不正当竞争等所作出的行政行为不服，向人民法院提起的行政纠纷案件。

"知识产权刑事案件"是指我国《刑法》分则第三章"破坏社会主义市场经济秩序罪"第七节规定的侵犯知识产权犯罪案件等。

鉴于本书所举大部分案例是民事诉讼、商事仲裁案件，基于全书体系的完整性考虑，本篇简要介绍与著作权有关的行政处罚案件和侵犯知识产权犯罪案件。

（一）未经著作权人许可，复制发行其计算机软件构成违法、犯罪

1.黄某某等侵犯软件作品著作权案[1]

2020年4月，根据权利人投诉，广州市公安局食药环侦支队和黄埔区分局依法查明，广州唯思软件股份有限公司离职员工黄某某等人盗窃原供职公司三款棋牌游戏软件的源代码，更改游戏名称在市场上进行推广并牟利，非法获利176余万元。2022年5月5日，广州市黄埔区人民法院作出刑事判决，判决黄某某犯侵犯著作权罪，判处有期徒刑三年六个月，并处罚金90万元。同案其他三人均被判处有期徒刑三年，并处罚金90万元。

该案侵权数量大、犯罪隐蔽性强、调查取证困难，版权行政执法部门、公安部门、检察院组成联合专案组，相互协同配合，共同参与案件查办工作，在罪名适用、证据收集、鉴定方式等方面积累了经验。

2.未经许可，复制著作权人的软件涉嫌构成违法

2022年11月15日，山东省某地综合行政执法局执法人员，依法对HC图文广告有限公司进行检查。检查发现该单位营业现场有组装型办公电脑三台，上述电脑复制微软公司Windows7软件3套，复制金山公司WPS Office个人版办公软件3套，复制AutoCAD设计软件3套。针对以上复制软件，当事人现场未能出示授权协议或者采购合同，也未能提供购买发票。执法人员当即责令其停止相关经营活动，等待调查处理。同年11月25日，山东省某地综合行政执法局依据《计算机软件保护条例》并参照本地《文化市场综合执法行政处罚裁量基准》（版权）的规定，对当事人进行处罚[2]，罚款900元。

（二）行政处罚与侵权认定的关联

行为人的行为受到行政处罚，是否意味着该行为一定会被法院认定为侵

---

[1] 丁玲、潘亮："2022年度广东省版权十大案件公布"，网址：https://news.ycwb.com/2023-04/26/content_51911610.htm，最后访问日期：2023年10月5日。
[2] 参见（青城）文罚字〔2022〕第023号行政处罚决定书。

权,法律界存在不同的观点。笔者认为,如果行为人的行为在行政处罚程序中与在民事诉讼程序中指向的权利人的权利相同的情况下,比如均指向作品、著作权,则行政处罚的情节对司法认定侵权有影响;反之,则行政处罚的情节对司法认定或无直接关联。

在某娱乐股份有限公司(以下简称某娱乐公司)与中山市贝朵依美服饰有限公司(以下简称贝朵依美公司)著作权侵权纠纷案[1]中,一审法院查明部分虽提及行政处罚责令贝朵依美公司立即停止侵权行为,但随后援引相关判决指出,"贝朵依美公司对诉争动漫形象的使用并未起到识别商品来源的作用,不属于商标法意义上的商标使用行为,并不会造成相关公众的混淆误认,因此其行为不构成商标侵权行为,故对某娱乐公司的相关诉讼请求不予支持。如某娱乐公司认为贝朵依美公司的行为侵犯了其美术作品的著作权,可另行主张权利。"

在天宝解决方案公司(以下简称天宝公司)与安徽科汇钢结构工程有限公司侵害计算机软件著作权纠纷案[2]中,二审法院在对天宝公司主张案件应适用惩罚性赔偿的问题进行说理时,结合《最高人民法院关于审理侵害知识产权民事案件适用惩罚性赔偿的解释》的规定指出,适用惩罚性赔偿应当满足侵权人"故意"和"情节严重"要件,其中对于"情节严重"的认定,除了应考虑侵权时间、规模、范围;对权利人产生巨大损害与消极影响;权利人损失巨大,包括因侵权行为导致权利人知识产权价值大幅降低、权利人商誉受损等情形,还要考虑行为人是否存在行政处罚或法院判决后重复侵权的情况。

(三)侵犯知识产权犯罪案件

最高人民检察院数据显示,2023年上半年,全国检察机关共受理审查起诉侵犯知识产权犯罪11675人,同比增长36.1%。根据《刑法》规定,侵犯知

---

[1] 参见广东省中山市中级人民法院(2022)粤20民终8298号民事判决书。
[2] 参见最高人民法院(2022)最高法知民终609号民事判决书。

识产权犯罪共有八个罪名。其中，涉及著作权的罪名有两个，分别是：（1）侵犯著作权罪；（2）销售侵权复制品罪。

在涉及前述两罪案件的辩护或者代理过程中，除了本书民事诉讼和商事仲裁部分提及的庭审提示及注意事项，还应当特别留意谦抑、罪刑法定、主客观相统一等理念在刑事案件司法实践中的运用。涉及计算机软件的侵犯著作权类犯罪案件，在审理、处罚、辩护或代理时还要同时考虑源代码、目标代码、文档的可商业秘密性问题。

在办理侵犯知识产权犯罪案件过程中，侦查机关使用司法鉴定确定起刑数额的情形比较常见，审查起诉机关在案件定性方面会比较慎重，审判机关则会结合所处时期的社会经济秩序等因素定罪量刑。侵犯知识产权犯罪案件，适用缓刑的案例比较多见。

宽严相济刑事政策在检察机关办案中的实际运用。在梁某、王某等15人侵犯著作权案[1]中，梁某自2018年起，先后成立两家不同的公司，指使王某聘用万某等人开发、运营"人人影视字幕组"网站及安卓、苹果、TV等客户端；又聘用谢某等人组织翻译人员，从境外网站下载未经授权的影视作品，翻译、制作、上传至相关服务器，通过所经营的"人人影视字幕组"网站及相关客户端为用户提供在线观看和下载服务。经鉴定，共涉及未授权影视作品多达32824部。为牟取非法利益，梁某安排谢某负责网站和客户端广告招商业务，安排丛某负责在网站上销售拷贝有未经授权影视作品的移动硬盘。截至2021年1月，非法经营数额总计1200余万元。该案涉及人员众多，检察机关根据涉案人员在案件中的地位、作用、参与程度以及主观恶性等因素，按照宽严相济刑事政策分层分类进行了处理。一审判决后，15名被告人均未上诉。

未来的刑事指控体系将更加重视证据的核心功能。"党的十八届四中全会通过的《中共中央关于全面推进依法治国若干重大问题的决定》明确提出'推进以审判为中心的诉讼制度改革，确保侦查、审查起诉的案件事实证据经

---

[1] 参见最高人民检察院发布的第四十八批指导性案例（检例第193号案例）。

得起法律的检验',开启了对我国原有的'以侦查为中心、以书面审查为重点'诉讼格局的全面调整和深入改革。面对新理念、新要求,检察机关亟须主动调整角色定位,着力构建以证据为核心的刑事指控体系,全面贯彻证据裁判规则。"[1]

随着我国申请加入CPTPP(《全面与进步跨太平洋伙伴关系协定》)的现实需求,修订我国法律中与CPTPP规则不同部分的工作已经逐步展开。一方面,预示着未来著作权犯罪的构成要件中"以营利为目的"的主观要件将面临修改。也就是说,只要同时具备"故意"与"侵权产品数量规模对相关市场产生重大不利影响",即符合著作权犯罪构成要件。另一方面,RCEP(《区域全面经济伙伴关系协定》)和CPTPP均在著作权章节中扩展了客观行为要件的手段和方式,将未经权利人授权,突破他人有效技术措施的行为视为侵犯著作权行为。显然,未来加入CPTPP等相关公约,著作权犯罪的惩治范围也将有所扩大。[2]

笔者提示,企业在日常经营过程中,应当通过培训让全体职员树立起遵守法律、尊重知识产权的意识,在采购计算机软件等产品时应当注重留存购买凭证。在拆封、安装使用计算机软件前,应当确保取得计算机软件著作权人或者相关权利人的授权;其他类型的产品同样需要留存"上家"信息。否则,未经许可复制他人软件,或者擅自使用他人作品,构成违法的须承担相应的法律责任;符合侵犯著作权罪、销售侵权复制品罪的构成要件的,还要依法承担刑事责任。

---

[1] 最高人民检察院:"检察日报社评:推动构建以证据为核心的刑事指控体系","最高人民检察院"微信公众号,2023年8月21日。
[2] 宋建立:"著作权刑事保护趋势与实践思考","人大版权"微信公众号,2023年9月19日。

鼓励交易是合同案件审理的原则

《民法典》在第四百六十五条对"合同约束力"作出规定，其中，第一款规定"依法成立的合同，受法律保护"。第二款则是知名的合同相对性原则。

"合同的约束力是合同功能实现的重要基石。参与交易的市场主体采取合同这一形式来进行交易，其原因就在于依法成立的合同对当事人具有约束力，这种约束力能确保交易主体的信赖利益得以实现。如若合同没有相应的约束力，那么信赖利益的保护与市场交易的秩序都无从谈起，社会经济生活也必然陷入混乱和无序。"[1]

在捷成华视网聚（常州）文化传媒有限公司（以下简称捷成华视公司）等与中国电影股份有限公司北京电影制片分公司债权人代位权纠纷案[2]中，上诉人主张"捷成华视公司基于鼓励交易的原则，并未拒绝支付上述协议第4条第4.2款（1）（2）约定之全部1800万元合同款项，但捷成华视公司部分支付协议价款并不应当被视为免除小马奔腾公司违约行为所应负的违约责任及继续履行责任，不能因此认定小马奔腾公司对捷成华视公司的债权形成。"

在河北卓创房地产开发有限公司与彭某商品房预售合同纠纷案[3]中，二审法院认为，"上诉人与被上诉人签订商品房买卖合同后，被上诉人缴纳了首付款，并办

---

1 最高人民法院民法典贯彻实施工作领导小组：《中华人民共和国民法典合同编理解与适用（一）》，人民法院出版社2020年版，第28页。
2 参见贵州省遵义市中级人民法院（2022）黔03民终1964号民事判决书。
3 参见河北省石家庄市中级人民法院（2020）冀01民终7681号民事判决书。

理了按揭贷款，上诉人为被上诉人办理了商品房备案手续并交付了房屋……因被上诉人不能按时偿还银行贷款，贷款银行从上诉人保证金账户中将剩余按揭贷款的本息全部扣划，而被上诉人未在合同补充协议约定的期限内将上诉人被扣划的款项支付给上诉人，现上诉人按照买卖合同及补充协议的约定要求与被上诉人解除合同，符合合同约定和当事人意思自治，本应予以支持；但鉴于本案所涉房屋已由上诉人交付被上诉人占有使用，并进行了备案登记，对买受人不能及时付款的违约责任也进行约定，且被上诉人已交纳了大部分房款，在合同履行过程中，双方也均有违约行为，如解除合同，不符合鼓励交易的基本原则，也不利于社会稳定。"

贵州省高级人民法院李锋法官在评论众合公司诉石油公司等债权人代位权纠纷案[1]时认为："鼓励交易、创造社会财富系合同法最为重要的价值目标。在自由的市场经济体制下，合同法律制度是创造信用、增进财富最为重要的手段，是一个国家经济活动、工商业发展的重要依赖，故合同法律制度相关立法的发展和变化，应当与本国的经济发展、市场变化、社会进步保持相当的互动关系，切不可固步自封阻碍经济的发展。"

篇章趣事

法人、法人代表与法定代表人

在电影《坚如磐石》中，有两处呈现案件重要证人刘明利的职务，一处是台词称刘明利为某公司"法人"；另一处是字幕打出刘明利系某公司"法人代表"。这里涉及一组易混淆的公司法概念：法人，法人代表，法定代表人。区分的关键是，"法人"不是自然人，是公司；而公司的任何一名职员均可以被称作"法人代表"。因此，电影《坚如磐石》中刘明利的真实身份推测应为某公司的法定代表人而非法人代表。

---

1 参见北京市第二中级人民法院（2022）京02民终12413号民事判决书。

七

蓬勃发展的中国仲裁

仲裁界有句著名的话被广泛引用,"Arbitration is only as good as its arbitrators."翻译为:仲裁的好坏取决于仲裁员。

视野开阔的中国仲裁

（一）仲裁的发端与中国实践

仲裁的发端，与人类商业交往日趋增多密切相关。商业交往日趋增多，交易主体之间的争议也随之增多。此时，如何解决争议成为摆在人们面前的问题。作为解决争议的方式之一，仲裁有其鲜明特点。

仲裁最早起源于奴隶制的古希腊、古罗马时期。古希腊的城邦国家之间普遍采用仲裁的方法，根据公平原则解决双方之间的争议；在简单商品经济比较发达的古罗马，以仲裁解决经济往来中纠纷的情形更加普遍。罗马法《民法大全》记载了当时五大法学家之一保罗的论述："为解决争议，正如可以进行诉讼一样，也可以进行仲裁。"[1] 从古至今，我国不乏类似居中裁决调处的机制。20世纪七八十年代，在北方乡下的牲畜交易市场，有一个角色叫"行伍"，担任"行伍"的人通常以促成交易、斡旋解决争议见长。

1958年6月10日，在联合国主持下订立的《承认及执行外国仲裁裁决公约》（以下简称《纽约公约》），系目前国际上关于承认和执行外国仲裁裁决最有影响力的公约。中国于1986年12月2日决定加入该公约，1987年4月22日该公约对中国生效。2023年，是中国加入1958年《纽约公约》36周年。

司法部组织起草的《中华人民共和国仲裁法（修订）（征求意见稿）》（以下简称《仲裁法修订草案》）在"修法的必要性"部分提及，《仲裁法》

---

[1] 赵汉根：《商事仲裁法律与实务》，中国法制出版社2021年版，第79-80页。

显露出与形势发展和仲裁实践需要不适应的问题。主要体现在：（1）法律规定可以仲裁的范围较窄，很多伴随新经济新业态涌现的新类型纠纷，以及国际上发展较为成熟的国际投资、体育领域的纠纷无法纳入仲裁范围，影响仲裁作用的发挥。（2）对仲裁机构的性质定位及其治理结构规定不明确，不利于仲裁机构和整个行业的改革发展。（3）《仲裁法》实施26年来的大量仲裁实践经验和成熟可行的司法解释规范，需要及时总结上升为法律规范。（4）司法支持与监督仲裁制度需要进一步完善。对国内、涉外仲裁裁决司法审查标准不统一、申请撤销仲裁裁决和不予执行仲裁裁决两种司法监督方式存在内在冲突的问题需要理顺。（5）我国现行《仲裁法》在一些制度规则设计上与发展中的国际仲裁衔接不够，影响我国仲裁的国际竞争力和我国仲裁法的域外适用。这些问题制约了我国仲裁的高质量发展和仲裁在提升国家治理与社会治理能力方面作用的发挥，亟须修改完善。

在《中国商事争议解决年度观察（2022）》一书中记有"《仲裁法修订草案》彰显了中国仲裁的国际化发展趋势"，并总结了以下特别需要关注的方面：第一，《仲裁法修订草案》完善了仲裁制度的总则规定，明确仲裁法"促进国际交往"的立法宗旨和"支持仲裁"的法律原则，并为未来进一步完善立法留出空间。第二，明确以当事人仲裁合意为核心判断仲裁协议效力。第三，明确支持仲裁庭自裁管辖原则。第四，赋予仲裁庭作出临时措施的权力。第五，提升对外开放水平，明确外国仲裁机构可以在中国设立业务机构，也允许涉外案件当事人选择专设仲裁庭仲裁。第六，吸收司法实践，完善仲裁裁决执行制度。[1]

（二）仲裁地与开庭地的差别

开庭地是一个物理地点，而仲裁地是一个法律地点，是一个高度法律化的概念，通常是指国际仲裁在法律意义上的所在地。仲裁地主要有四层法律

---

[1] 北京国际仲裁中心：《中国商事争议解决年度观察（2022）》，中国法制出版社2022年版，第2-5页。

意义：（1）仲裁地决定仲裁裁决的籍属。仲裁地在伦敦，则仲裁裁决是英国裁决；仲裁地在香港，则是香港裁决。仲裁裁决籍属在执行层面意义重大。（2）仲裁地法院行使裁决撤销权。（3）仲裁地法通常是仲裁程序的准据法。（4）仲裁地是仲裁条款效力准据法的主要连接点。例如，我国《涉外民事关系法律适用法》第十八条规定："当事人可以协议选择仲裁协议适用的法律。当事人没有选择的，适用仲裁机构所在地法律或者仲裁地法律。"[1]

（三）程序问题实体问题需并重

香港国际仲裁中心名誉主席杨良宜先生在接受《法治日报》见习记者李兆娣采访时提及，"近年来，内地各地频密组织召开的国际仲裁会议、讲座、研讨、论坛、模拟仲裁等活动……鲜少涉及国际仲裁的实体问题。但是，要想真正了解国际仲裁、国际商事规则，须同时掌握国际仲裁的程序问题和实体问题。不掌握代表国际仲裁实体法的国际合同法与证据法，无法做到真正了解国际仲裁的'血肉'。""中国企业有不少在不了解普通法下的合同法的情况下，就开始与外国企业订立与履行金额巨大的商业合同了，甚至约定合同适用英国法、新加坡法等。一旦合同履行产生争议，维护自身权益是较为困难的。""所以我这二十余年来，尽力以我认为正确的培养国际私法人才的路径，去创造环境，让肯学习这一套全球化下的国际商事规则的同胞都能找到门路。如出版涵盖了合同法、证据法与国际仲裁的系列书籍；与各大高等院校合作举办涉外法治系列课程；为涉外律师人才高级研修班提供普通法商法系列课程。"[2]

据司法部信息，2021年，全国270家仲裁机构在全年受理案件共计415889件，标的额达8593亿余元。同时，2021年，"中国仲裁协会筹建工作步伐加快；涉外仲裁人才队伍建设、仲裁机构内部治理结构改革、仲裁专业化

---

1 杨玲："仲裁地与开庭地：理解与误解参见"，"仲裁法一本通"微信公众号，2023年8月23日。
2 李兆娣："访香港国际仲裁中心名誉主席杨良宜"，"法治网"微信公众号，2023年10月22日。

建设、仲裁国际交流与合作等各项工作统筹推进，取得积极成效"[1]。

展会经济在广东省广州市海珠区发展强劲，每逢春、秋两季，广交会（中国进出口商品交易会）现场商贾云集。贸易繁盛的同时争议也随之增多，不少法务与知识产权机构驻场为参展商提供专业咨询服务。从2023年秋季广交会开始，广州律师首次在广交会展会提供全程驻场法律志愿服务。以展会经济为视角，仲裁日益成为解决商事争议，尤其是涉外商事争议的重要纠纷解决机制。

在企业日常合同管理中，管理者可以根据当地仲裁机构的办案效率等因素，选择约定采用诉讼还是采用仲裁方式，作为争议解决条款。但是不能约定"或裁或审"，否则很可能被法院或仲裁机构认为是无效条款。

---

[1] 张维："去年全国仲裁机构受案41.5万余件"，网址：https://www.moj.gov.cn/pub/sfbgw/fzgz/fzgzggflfwx/fzgzggflfw/202203/t20220323_451264.html，最后访问日期：2023年10月5日。

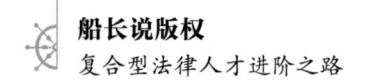

仲裁好坏对标仲裁员

根据《仲裁法》的立法宗旨，公正、及时处理仲裁案件，是一切商事仲裁工作的起点。探索公正与效率的关系，如何及时推进仲裁进程进而作出公正的裁决，是值得持续研究的课题。

（一）如何做到及时

下面按照庭审前、庭审中、庭审后予以简要介绍。

1.庭审前

制作开庭提纲，问题的设定围绕类案裁决常见问题，梳理一些参考案例，附上可能适用的规则。集团案、系列案等一方人数众多的情况，还要注明提醒事项，比如是否像诉讼一样考虑类案裁决的一致性。

2.庭审中

对开庭提纲设定的问题进行详细的询问，并确保得到有效的回应。问答清楚，有证据印证，方便开展论证说理和书写仲裁庭意见。

3.庭审后

及时与仲裁秘书对接制作裁决书事宜。"事实认定"部分须回顾全卷，厘清合同的签订、履行、适用等情况；"仲裁庭意见"部分，一般须阐明处理案件适用的实体法、案涉合同的效力，对于申请人的仲裁请求、被申请人的反请求是否支持，并结合证据说理论证。涉及鉴定、专家咨询委员会论证（《专家咨询案件材料》信息一般包括：案号、案由、当事双方信息、案件介绍、仲裁庭意见、需要咨询的问题）、函调、涉刑事案件等原因中止的，按照仲裁规则不计入仲裁期限。

（二）如何做到公正

在一次培训课上，仲裁员董旭公分享了一个仲裁推进逻辑，提到"约定，规范，交易习惯，公平及良知"。当约定、规范，甚至交易习惯不能运用到个案时，公平及良知就应当被唤醒。

当事人主义与"类案同裁"是否存在冲突，在不同的个案中呈现情况有所差异。诉讼推行案例检索、同案同判，仲裁在"类案同裁"方面并没有有影响的规范性文件进行指引。仲裁庭面对疑难复杂仲裁案件的调处，是坚持当事人主义，还是坚持"类案同裁"，仲裁员并无统一的认知。

最高人民法院于2020年发布《关于统一法律适用加强类案检索的指导意见（试行）》（以下简称《意见》），旨在统一法律适用，提升司法公信力。《意见》对"类案"进行了界定，它"是指与待决案件在基本事实、争议焦点、法律适用问题等方面具有相似性，且已经人民法院裁判生效的案件"。仲裁员、中山大学法学院张亮教授在2023年的一次仲裁员培训会上，也提到在仲裁解决争议场景下对"类案同裁"的思考。严格遵循当事人主义，按照申请人与被申请人签署合同约定的权利义务，公正、及时进行裁决是仲裁庭的常规做法。仲裁员在面临一些疑难复杂案件，尤其是同一个当事人在同一家仲裁机构就相同或者相似的事实提起的多件仲裁案件而且此类案件的争议双方"意见针锋相对""矛盾难以调和""舆论广泛关注"的情形，"类案同裁"有无适用空间，值得思考。

此外，对"类案同裁"的讨论，也可结合裁决质量指标中的核阅专业指数，制度推广与社会公益指标中的服务经济发展、改善营商环境指数，以及服务社会治理指数等中国仲裁公信力评估指标也存在一定的关联。

公信力评估指标体系[1]

2023年8月，笔者受邀参与了中国仲裁公信力评估项目的调查问卷活动。本文将第三届仲裁公信力评估指标体系（国内部分）的一级和二级指标摘引出来，供仲裁员以及对商事仲裁感兴趣的读者朋友们参考。

（一）一级指标

一级指标10个，分别是：机构建设、仲裁规则、仲裁员、仲裁秘书、组庭服务、案件管理、裁决质量、费用制度、制度推广与社会公益、加强涉外仲裁服务能力（加分项）。

（二）二级指标

二级指标40个，对应摘录如下：（1）机构建设：机构合法性、党建规范化、机构独立性、机构治理规范性、机构服务便利性、信息化建设、透明度。（2）仲裁规则：合法性、规范性、透明度、创新。（3）仲裁员：综合素质、聘任水平、职业操守、学习活跃度、透明度。（4）仲裁秘书：综合素质、案件管理能力、职业发展。（5）组庭服务：组庭专业性、组庭合法性、组庭效率。（6）案件管理：立案便利、办案专业、办案效率。（7）裁决质

---

[1] 仲裁研究院："第三届仲裁公信力评估指标体系（国内部分）正式发布"，"仲裁研究院"微信公众号，2023年9月2日。

量：裁决独立、裁决专业、核阅专业、裁决合法性、裁决透明。（8）费用制度：收费合理、仲裁员报酬合理。（9）制度推广与社会公益：服务经济发展及改善营商环境、服务社会治理、仲裁推广。（10）加强涉外仲裁服务能力（加分项）：仲裁规则国际化、仲裁服务国际化、案件国际化、裁决境外承认执行、海外市场开发与推广。

评估指标针对性强，虽然不具有强制性但具有较高的参考价值。

仲裁秘书职业化建设

中国司法部于2021年12月发布了《关于印发〈全国公共法律服务体系建设规划（2021—2025年）〉的通知》，其中明确提出"改进仲裁员选聘和管理工作，推进仲裁秘书职业化和专业化建设"。

（一）仲裁秘书是工作上的"一把好手"

仲裁机构的办案秘书，其角色类似于法院的书记员及法官助理。由于仲裁机制的特性，仲裁秘书在与当事人、代理人、仲裁员等各方的沟通方面表现得更为主动，从沟通效果来看显得更为大方、流畅。据了解，不少仲裁秘书为提升自己的业务能力，在工作之余仍坚持读书、进修，并积极参与包括知识产权周、仲调联动、公信力建设等多种形式的法治建设。在对仲裁秘书人才的甄选方面，各仲裁机构设定的门槛不尽相同，但通常会对学历学位、文档管理能力、沟通协调能力、口头及书面表达能力有突出要求。

（二）仲裁秘书"苦恼七宗最"

仲裁秘书虽然干练，但说起来也有烦恼。那么，让仲裁秘书烦恼的情形有哪些？笔者结合审理实践，列出七种比较突出的情形，不妨称作仲裁秘书"苦恼七宗最"：（1）申请人或者被申请人一方没有代理律师出庭，不熟悉仲裁流程，影响案件推进效率。（2）公司企业类当事人，出庭人员不是法务人员或者其他具有争议调处经验的人员。（3）提交给仲裁庭的证据材料未制作《证据清单》,装订不规整,甚至不装订。(4)提交的仲裁文件未标注页码,或者页码标注散乱。(5)临时变更仲裁请求,或者多次变更、涂改文件。(6)临近开庭,集装箱式提交、替换文件材料,甚至当庭提交证据材料。(7)质证环节,就对方所举的每组证据均发表"三性不予认可"的意见。

仲裁释明权个案运用

"释明权是域外法上基于民事诉讼理论与实践的发展而逐步创立的一项学说与制度，其本质是大陆法系在当事人主义和辩论主义模式下适度扩张法官职权的产物……尽管释明权理论与制度均源于民事诉讼法律制度与实践，但基于商事仲裁与民事诉讼的相似性甚至某些方面的同质性，在仲裁实践中运用释明权制度当为顺理成章之事。"[1]

"释明"并非《仲裁法》《民事诉讼法》上的术语，但在仲裁实践中，仲裁庭会就合同效力认定、当事人仲裁能力不对等等问题，或者在仲裁推进陷入僵局时，向当事人释明。例如，在某承揽合同纠纷仲裁案中，被申请人方聘请了三位执业律师出庭，而申请人未聘请执业律师且年事已高、情绪激动。再如，某建设工程合同纠纷仲裁案件涉及人员众多，处理意见分歧较大，案件虽然经过专家咨询委员会的协助，程序依然难以往前推进。为及时推进案件并达到实质公正，上述两案均有必要由仲裁庭向当事人释明。

在《仲裁法》《民事诉讼法》之外，最高人民法院有司法解释提及"释明"，仲裁机构也有"释明"的规则例证。《最高人民法院关于民事诉讼证据的若干规定》（2019年修正）第三十条第一款规定："人民法院在审理案件过程中认为待证事实需要通过鉴定意见证明的，应当向当事人释明，并指定提

---

[1] 刘凯湘："论释明权在仲裁程序中的理解与运用"，网址：https://article.chinalawinfo.com/Space/SpaceArticleDetail.aspx?AID=45449&AuthorId=37&Type=1，最后访问日期：2023年9月16日。

出鉴定申请的期间。"《深圳国际仲裁院仲裁规则》（2022版）第三十六条"审理方式"部分规定，仲裁庭认为必要时，可以发布程序指令、发出问题清单、举行庭前会议、议定审理范围、要求当事人进行庭前证据交换、要求当事人披露相关文件、要求当事人共同拟定争议焦点问题、在适用法律许可的范围内行使释明权。《广州仲裁委员会仲裁规则》（2023版）第三条"受案范围"部分规定，仲裁庭审理后认定属于依法不受理请求案件如婚姻纠纷、劳动争议，"经向当事人释明，仍不撤回仲裁申请的，依法决定驳回仲裁申请"。

当前，无论是诉讼实践还是仲裁实践对释明权的适用，包括行使程序、适用范围、释明的方式（口头、书面或者开庭）等方面，均有待通过规则加以明确。因此，在仲裁个案中运用释明权应当谨慎，并且应当以必要性和促成实质公正为原则，否则，将削弱仲裁的效率优势。

仲裁条款独立性原则

"仲裁协议是商事仲裁的基石",而"仲裁条款是仲裁协议最常见的形式"。[1] 由于仲裁条款与含有该条款的基础交易合同是否可以分离,法律界存在不同的观点,加之是否可以分离也将影响仲裁机构的受理、审理进度,因此,仲裁条款独立性问题,或者说如何看待仲裁条款独立性原则,便摆在了包括法官、仲裁员在内的诉讼参加人或者仲裁参与人面前。

在运裕有限公司与深圳市中苑城商业投资控股有限公司申请确认仲裁协议效力案[2]中,合同双方并未正式签署含有仲裁条款的基础交易合同,但是对于已经达成的仲裁条款本身并不存在争议。最高人民法院在本案中通过裁判说理明确导引,仲裁协议独立性是广泛认可的一项基本法律原则。

《仲裁法》第十九条第一款规定:"仲裁协议独立存在,合同的变更、解除、终止或者无效,不影响仲裁协议的效力。"最高人民法院通过司法解释的形式进一步明确,合同成立后未生效或者被撤销的,仲裁协议效力的认定适用《仲裁法》前述规定;当事人在订立合同时就争议达成仲裁协议的,合同未成立不影响仲裁协议的效力。前述运裕有限公司与深圳市中苑城商业投资控股有限公司申请确认仲裁协议效力案是对上述规定的适用。

在天津南港奥德费尔码头仓储有限公司(以下简称奥德费尔码头公

---

[1] 黄进、宋连斌、徐前权:《仲裁法学》(第三版),中国政法大学出版社2007年版,第102页。
[2] 参见最高人民法院(2019)最高法民特1号民事裁定书。

司)、天津市特种设备工程建设监理公司合同纠纷案[1]中,再审申请人奥德费尔码头公司主张,"二审法院认为,依照《仲裁法》第十九条第一款'仲裁协议独立存在,合同的变更、解除、终止或者无效,不影响仲裁协议的效力'之规定,仲裁协议独立性原则主要涉及仲裁协议效力是否受合同变更、解除、终止或者无效的影响问题,而不涉及请求仲裁的意思表示形成时间的确定问题,本案双方当事人经补充协议所最终形成的意思表示为2012年监理合同仲裁条款,晚于2013年、2014年监理合同,故奥德费尔码头公司的相应主张不能成立"的认定是错误的。

在当前的商事仲裁实践中,并不是每一个仲裁案件均会触及仲裁条款独立性的对抗、释明问题。但是,在如何对待仲裁条款独立性原则方面,有学者指出,"自20世纪60年代以来,承认仲裁条款的独立性和可分离性,是现代国际商事仲裁制度的一大趋势"。[2]

篇章趣事 **劳动仲裁与商事仲裁**

有一次,笔者接受一位先生的咨询,我问他是劳动仲裁还是商事(经济合同)仲裁。他随口说是劳动仲裁。结果笔者收到文件发现是商事仲裁的《裁决书》,沟通效率明显降低。要知道,劳动仲裁与商事仲裁区别大了,二者需要的解决方案截然不同。

---

1 参见最高人民法院(2021)最高法民申2639号民事裁定书。
2 黄进、宋连斌、徐前权:《仲裁法学》(第三版),中国政法大学出版社2007年版,第105页。

八

形式多样的中国调解

> 法律职业人的工作是一种理性的工作,它通过概念的条分缕析来调整混乱模糊的人际关系。(拉德布鲁赫,1919年)[1]

---

[1] [德]古斯塔夫·拉德布鲁赫:《法律智慧警句集》,舒国滢译,中国法制出版社2016年版,第157页。

调解的时代会到来吗

中国人讲究以和为贵。"专注于司法职业利益,胜诉是一种快乐;但置身输赢之外,以非利害的眼光审视个案也会收获别种快乐。"[1]

2021年3月11日,第十三届全国人民代表大会第四次会议通过了《关于国民经济和社会发展第十四个五年规划和2035年远景目标纲要》(以下简称"十四五"规划)。"十四五"规划提出要继续推进国家治理体系和治理能力现代化,健全矛盾纠纷多元化解机制,充分发挥调解、仲裁、行政裁决、行政复议、诉讼等防范化解社会矛盾的作用。司法部提出:到2022年基本形成大调解工作格局。[2] 随着国际商贸纠纷增多,组建调解的参与单位越来越多,开展调解的形式也精彩纷呈。

"据统计,2022年,人民法院一审受理民事行政案件1610.6万件,诉前调解未进入立案程序的纠纷895万件,说明大量矛盾纠纷可以通过调解等非诉讼方式在成诉前得到有效化解。人民调解是一项具有中国特色的法律制度,在矛盾纠纷多元化解机制中发挥着基础性作用。"[3]

2023年10月7日,《法治日报》发表"充分发挥调解基础性作用 筑牢维护

---

[1] 苏力:《是非与曲直——个案中的法理》,北京大学出版社2019年版,序。
[2] 王茜:"司法部:到2022年基本形成大调解工作格局",网址:http://m.xinhuanet.com/2019-05/09/c_1124473924.htm,最后访问日期:2023年9月1日。
[3] "最高人民法院 司法部关于印发《关于充分发挥人民调解基础性作用 推进诉源治理的意见》的通知","最高人民法院司法案例研究院"微信公众号,2023年10月12日。

社会和谐稳定'第一道防线'"的专题文章。文章提及，"调解是具有中国特色的化解矛盾、消除纷争、促进和谐的非诉讼纠纷解决方式，被国际社会誉为'东方经验''东方之花'。近年来，各级人民法院、司法行政机关深入学习贯彻习近平法治思想，认真落实习近平总书记关于调解工作的重要指示精神和党中央决策部署，依法履行调解工作指导职责，全面加强调解各项工作，取得积极成效。"[1]

陕西省社会科学院陕甘宁边区历史研究中心研究员韩伟研究认为，"一刻也不离开群众"，是毛泽东在1943年对陇东分区专员马锡五的评价，高度概括了马锡五审判方式的特点：作为分区专员，马锡五常常走村串户，没有一丝旧时代官僚的做派；作为陕甘宁边区高等法院陇东分庭的庭长，他不时地深入田间地头，与当地农民同吃同劳动，帮助解决一个个纠纷或矛盾。深入群众、依靠群众，自然成为马锡五审判方式最显著的特点。

《联合国关于调解所产生的国际和解协议公约》于2018年12月通过，又称《新加坡调解公约》（以下简称《公约》），适用于调解产生的国际和解协议。《公约》确立了关于援用和解协议的权利以及执行和解协议的统一法律框架。

在诉讼层面，民事案件调解依然是主流。在部分刑事案件中，和解、谅解情况时有发生。人民法院审理行政案件，通常不适用调解，可以调解的情况包括行政赔偿、补偿以及行政机关行使法律、法规规定的自由裁量权的案件。在执法层面，《海南省行政调解规定》对行政调解作出界定，它是指行政机关通过解释、沟通、劝导、协商等方式，促使行政机关与行政相对人之间以及公民、法人或者其他组织之间自愿达成协议，依法化解有关行政争议、民事纠纷的活动。

2023年6月，笔者在中国人民大学法学院进修时，听到中国国际贸易促进委员会法律事务部部长刘超老师感叹："调解的时代来了。"笔者认为，人们对调解的探索从来就没有停止，未来可以有所作为的空间更大了。你认为呢？

---

[1] 赵婕："充分发挥调解基础性作用 筑牢维护社会和谐稳定'第一道防线'"，"最高人民法院"微信公众号，2023年10月7日。

调解机制的湾区探索

2017年，中国政府正式将"粤港澳大湾区"（以下简称湾区）写进政府工作报告，它包括广东省9个相邻城市（广州、深圳、珠海、佛山、惠州、东莞、中山、江门、肇庆）以及香港特别行政区和澳门特别行政区。随着湾区经济的发展以及湾区内城市争议解决机制的融合，调解也呈现出"百花齐放"的局面。

（一）广州仲裁委员会的调解机制

1. 日常调解

广州仲裁委员会以仲裁庭组成为时间节点，将日常调解区分为仲裁庭组成前的调解、仲裁庭组成后的调解两种情形。

2. ODR程序调解阶段

2022年5月，APEC（亚太经济合作组织）正式将广州仲裁委员会（以下简称广仲）列为全球首批三家ODR（在线纠纷解决机制）平台合作伙伴之一。在此机制下，调解员按照《广仲ODR程序调解员操作指引》选择"中立方"进入在线争议解决平台，即可开展调解工作。

（二）广州知识产权法院诉前调解

广州知识产权法院根据《民事诉讼法》《最高人民法院关于人民法院民事调解工作若干问题的规定》制定了《诉前调解告知书》，整合了人民调解、行政调解、司法调解等各方调解力量，聘请了熟悉知识产权法律、经验丰富的执业律师、人民调解员、行政机关工作人员组成调解员队伍，开展诉前调解工作。

（三）广州国际商贸商事调解中心

广州市律师协会下设广州国际商贸商事调解中心。该中心受理中外当事人之间在贸易、投资、并购、金融、证券、保险、知识产权、信息技术、房地产、建筑工程、城市更新以及其他商事、海事等领域发生的争议案件；也可以受理人民法院、仲裁委员会或其他争议解决机构委派或委托的商事争议案件。

（四）涉外涉港商事案件法院调解

在广州市越秀区人民法院的主持下，广州律师"成功调解一起与广交会相关的涉外涉港商事案件，充分运用诉前联调机制，使双方当事人最终达成和解协议并调解结案"。[1]

（五）广东省工商业联合会调解仲裁中心

广东省工商业联合会与华南国际经济贸易仲裁委员会于2011年1月9日合作设立广东省工商业联合会调解仲裁中心，为非公有制经济主体之间，非公有制经济主体与公有制经济主体、其他社会组织及自然人之间的民商事纠纷提供调解与仲裁服务。

（六）派出所公共法律服务工作室

为了实现调解纠纷关口前移和就地化解，从2019年开始，广东省广州市天河区司法局为林和派出所配备了2名专职人民调解员，创建派出所公共法律

---

[1] 广东省高级人民法院、广州市中级人民法院："仅用50分钟！广州律师成功调解一起广交会跨境商事纠纷"，网址：http://sft.gd.gov.cn/sfw/xwdt/sfxz/content/post_4179135.html，最后访问日期：2023年9月16日。

服务工作室。[1]

　　此外，司法行政机关，如广东省广州市司法局、广东省广州市海珠区司法局，积极推动商事调解中心（综合调解中心）的设立，以营造法治化的营商环境，助力地方经济高质量发展。

　　除了以上列举的比较成熟的调解机制，还有诸多新型的、联动的、融合的调解机制也在蓬勃发展中。

1　天河政法：" '律师+专职人民调解员'进驻林和派出所，'枫桥经验'再出发！"，"天河政法"微信公众号，2023年8月23日。

调解员实战技能培养

调解的种类，因讨论维度不同，可以分为司法调解（法院调解）、行政调解（行政机关调解），以及仲裁调解、人民调解。近年来，对涉外调解的研究与实践也日益增多。国际商事争端预防与解决组织的成立，就是一个例证。

作为广州知识产权法院首批律师调解员，笔者组织了多件专利权侵权纠纷案的调解工作。在广州仲裁委员会与中国广州花都（皮革皮具）知识产权快速维权中心共同举办的"4·26世界知识产权日"系列活动中，笔者有幸参与了模拟仲裁庭审、调解活动。在多种场景的调解实践中，笔者了解了不同类型企业及个体的想法，积累了一些调处经验。

要想成为出色的调解员，需要培养多种调处技能。本书尝试总结如下：（1）具有奉献精神，具备良好的专业案件协调、代理及审理经验。（2）在接到具体的调解案件任务后，熟悉案件涉及作品、产品的行业状况、法律规则及年度政策，包括调解指南等实施细则。（3）能够像电信部门接线员一样快速、准确地了解案件情况，并在较短的时间内梳理出案件的争议焦点。（4）演讲及口才在调解沟通中具有突出作用。例如，在涉及某电子元器件的专利权侵权纠纷案中，调解员首先就专利的稳定性与被告的律师沟通，然后就诉讼请求及理据与原告律师沟通。在沟通过程中，逐步厘清案件的来龙去脉，梳理出争点。实践中，原告方对诉前调解不抱希望的不在少数。（5）耐心与细心。（6）在经过多次协调无法达成调解的情况下，果断结束诉前调解程序。

2020年10月15日,国际商事争端预防与解决组织(以下简称争端解决组织)在北京成立。据该组织官网介绍,争端解决组织是在中国国际贸易促进委员会倡议支持推动下,由中国国际商会联合有关国家商协会、法律服务机构、高校智库等共同发起设立的非政府间国际组织。"得到了包括联合国贸易法委员会、世界知识产权组织、亚洲非洲法律协商组织、国际民航组织、国际商会、亚投行等国际组织的高度关注和支持,未来将在规则与实践等方面开展务实合作,以推动构建更加完善的国际法治治理体系。"[1]可以预见,中国调解员未来参与案件调处的地域、范围将进一步扩大。相应地,对调解员的实战技能培养也将出现新的要求。

笔者在广州知识产权法院调解室值班

---

1 国际商事争端预防与解决组织:"单位概况",网址:http://www.icdpaso.org/category/75,最后访问日期:2023年9月1日。

|八| 形式多样的中国调解

版权案调解文书要点

我国《民事诉讼法》和《仲裁法》在对待调解的主动性方面作出了不同的规定。法院审理民事案件，"应当"进行调解，而仲裁庭在作出裁决前，"可以"先行调解。诉讼场合调解达成协议，法院应当制作调解书。仲裁场合调解达成协议的，仲裁庭应当制作调解书或者根据协议的结果制作裁决书。无论是诉讼调解还是仲裁调解，调解书经双方当事人签收后，即具有法律效力。后文《调解的方法以及流程》将有相对详细的介绍。

（一）侵害计算机软件著作权纠纷案

建议列明的调解书要点包括：（1）确认被告的侵权事实，或者被告未经许可使用代码、文档的事实；（2）确定赔偿数额，或者补偿数额（被告方一般选择使用"补偿"字样），以及支付方式、支付期限；（3）保证不再使用，除非双方达成其他合作；（4）如被告未在商定的日期前履行完毕，或者分批次履行完毕，原告须向法院申请强制执行，比如要求限期交付涉案软件源代码；（5）明确本次调解是一揽子调解，还是仅就某个事项进行调解，为定分止争或者继续维权做好准备。

（二）计算机软件开发（技术开发）合同纠纷（仲裁）案

建议列明的调解书要点包括：（1）确认违约事实，比如延期交付系统或者未按时支付开发费用；（2）确定开发费用余款支付事宜，或者再次延期

125

交付系统事宜；（3）确定违约金数额，以及利息的计算标准、计算利息的起止日期；（4）列明律师服务费、保全费、公证费等为办理仲裁案件支出的费用承担事宜；（5）基于《仲裁法》规定的"调解书与裁决书具有同等法律效力"考虑，写明违约方如未在商定的日期前履行完毕，或者分批次履行完毕，守约方需像裁决书那样申请强制执行。

实践中，著作权案件使用的调解书内容，根据个案案由、作品种类、侵权情节，以及违约情形等不同而存在差异。此时，代理人宜根据当时环境、案件细节与走向对文书要点作出增、删、修等合理安排。

调解的方法以及流程

调解因其种类繁多，具体方法及流程也不尽相同。方法得当，则在调处效果上体现明显。

（一）借鉴十种调解方法[1]，使之成为调解工作的促进剂

1.保持中立取得信任法

保持中立就是法官在审理案件中，与双方当事人保持同等距离，不偏不倚，充分听取双方当事人的意见，建立起双方当事人对法官的信任感，这是顺利开展调解工作的前提。

2.基本事实与法律关系清楚法

法官应当通过阅卷审查、证据分析、听取当事人陈述和案件审理的方式，了解案情，弄清案件基本事实，理顺法律关系，这是能够正确开展调解工作的基础。

3.主动引导法

做调解工作，法官不仅是裁判者，还应当积极充当双方关系的斡旋协调者。在调解中法官不能机械地理解当事人自愿原则，要把程序上的自愿与实体上的自愿结合起来，才能引导当事人展开调解。

---

[1] 人民调解志愿者："调解的十种方法"，"人民调解志愿者"微信公众号，2018年5月31日。

4.调解方案应变法

要把法官提出调解方案与当事人提出调解方案相结合，改变仅由当事人提出调解方案的做法。法官要准备多种调解方案，供当事人选择，并根据情况逐步展开。

5.是非责任适度评说法

调解要分清是非责任，但并不应当像判决说理那样条分缕析，要根据案情留有余地，张弛适度，有的点到为止，有的含蓄表示，有的明确评判，还要善用道德规范、公序良俗释法说理。

6.营造调解氛围法

一般来讲，诉讼当事人都有一定的对立情绪，要使调解达成协议，法官必须根据不同案情，恰当把握当事人情绪，营造有利的氛围。采取"面对面"和"背靠背"相结合、趁热打铁和冷处理相结合的方法，有时对当事人的激动情绪要善言安抚，有时要允许当事人适度宣泄。

7.情义融化法

当事人虽因矛盾纠纷走上法庭，但多数都有不同程度的情义联系。因此，在调解中，要善于利用当事人间的情义关系，唤起他们过去的感情或友谊，使得双方互谅互让，握手言和。

8.利益平衡法

要寻找双方当事人的利益平衡点，努力实现双方当事人个人利益的平衡。使双方当事人利益平衡，各得其所，减少无谓的争议，不打不必要的"气官司"。

9.困难谅解法

在诉讼调解中，存在确因经济困难，难以达成调解协议的情况。法官要善于引导权利人从维护自身利益的大局和实际出发，体谅对方困难，在给付数量和时间上作适当的让步。

10.潜移默化法

在整个诉讼过程中，要向当事人传递中华民族"以和为贵"的优秀传统文化理念，在当事人起诉、应诉、送达法律文书、接受当事人证据、依法调查、告知诉讼权利义务和诉讼风险提醒中，提醒当事人运用好调解、和解的方式。在证据交换、庭审调查、庭审辩论、财产保全、先予执行中，引导当事人尽量选择调解、和解的方式解决争议，为开展调解打下基础。

（二）诉讼调解与仲裁调解的流程

1.诉讼调解的流程

（1）诉前调解，当事人达成调解协议，当事人提交司法确认申请，法院裁定赋予调解协议强制执行力。（2）诉中调解，由审判员一人或合议庭主持（尽可能就地进行，可以邀请有关单位和个人协助），制作调解书。调解书经双方当事人签收后，即具有法律效力。

2.仲裁调解的流程

仲裁庭在作出裁决前，可以先行调解。实践中，仲裁庭一般在辩论终结时询问申请人、被申请人调解意向。调解达成协议的，仲裁庭应当制作调解书或者根据协议的结果制作裁决书（调解书与裁决书具有同等法律效力）。调解书经双方当事人签收后，即发生法律效力。

关于《民事诉讼法》规定的确认调解协议的特别程序。经依法设立的调解组织调解达成调解协议，申请司法确认的，由双方当事人自调解协议生效之日起30日内，共同向对应的人民法院提出。人民法院受理申请后，经审查，符合法律规定的，裁定调解协议有效，一方当事人拒绝履行或者未全部履行的，对方当事人可以向人民法院申请执行；不符合法律规定的，裁定驳回申请，当事人可以通过调解方式变更原调解协议或者达成新的调解协议，也可以向人民法院提起诉讼。

中国的调解仲裁诉讼

协商、调解、仲裁、诉讼，是争议解决常见的四种方法。协商是双方当事人自行协商解决达成共识。调解、仲裁、诉讼，均有第三方介入。

（一）调解

"'协商调解''排难解纷'是中国历史上民间解决争议的传统方法。长期以来，当人民之间发生了纠纷，往往邀请亲友长辈或办事公道、素孚众望的人出面说和、劝解、调停……在中国新民主主义革命时期，解放区的人民政权发扬了这一传统，创立并发展了人民调解制度……1954年3月，我国总结人民调解工作的经验，制订并颁布了《人民调解委员会暂行组织通则》，明确地规定了人民调解工作的性质、任务、组织、纪律、工作方法以及进行调解工作必须遵守的原则，成为开展人民调解工作的统一的法律依据……1982年12月颁布的《中华人民共和国宪法》明确规定在城市和农村设立人民调解委员会'调解民间纠纷'。这一规定进一步肯定了人民调解制度的宪法地位和作用，有力地促进了人民调解制度的发展。"[1] 当前，仲裁、诉讼活动中，调解的渗透性很强。法院审理民事案件，"应当"进行调解；仲裁庭在作出裁决前，"可以"先行调解。

---

[1] 任建新："中华人民共和国的调解、仲裁和诉讼"，网址：http://gongbao.court.gov.cn/Details/66aff2a5d8ff5e1b7147a185f412c3.html，最后访问日期：2023年10月4日。

（二）仲裁

任建新同志在吉隆坡第四届国际上诉法院法官会议上讲道："随着我国对外开放和对内搞活的发展，仲裁在我国日趋活跃，已成为解决纠纷的重要方式之一。"前文提及，法院审理民事案件，"应当"进行调解，而仲裁庭在作出裁决前，"可以"先行调解。实践中，仲裁庭在辩论终结时一般会征求申请人与被申请人的调解意愿，除非一方明确表示不愿意调解，仲裁庭通常会给3—10个自然日或3—5个工作日的调解期限。近年来，出现了一些新的调解组织。例如，2019年10月，世界知识产权组织仲裁与调解上海中心在中国（上海）自由贸易试验区设立并开展业务。

（三）诉讼

司法是社会救济的最后一道防线。当出现纷争，协商、调解都无济于事，如果是因合同而起的争议又没有约定仲裁，那么，诉讼将是解决纠纷的重要途径。需要注意，最后一道防线并非最好的争议解决方法，这在婚姻纠纷的裁判及其社会效果的案例中体现得尤为明显。

调解、仲裁、诉讼与协商共同构成争议解决的重要路径。

在深圳市淞亭科技有限公司（以下简称淞亭公司）、广州市恒富物流有限公司（以下简称恒富公司）等借款合同纠纷案[1]的裁判文书中，以上几种争议解决路径：协商、调解、仲裁、诉讼，审理法院都或多或少地进行了介绍。其中，关于调解部分的内容，二审法院认为，"恒富公司主张二审阶段律师费，故该主张属于二审阶段新增加的独立的诉讼请求，而淞亭公司明确表示不同意本院在二审阶段审理该诉讼请求，也未能与恒富公司就此达成调解，因此，依据《最高人民法院关于适用〈中华人民共和国民事诉讼法〉的解释》第三百二十六条第一款'在第二审程序中，原审原告增加独立的诉讼请求或者原审被告提出反诉的，第二审人民法院可以根据当事人自愿的原则就新增加的诉

---

[1] 参见广东省广州市中级人民法院（2022）粤01民终21528号民事判决书。

讼请求或者反诉进行调解；调解不成的，告知当事人另行起诉'之规定，本院对恒富公司二审新增加的该项诉讼请求不予调处，其可另行起诉主张权利。"

篇章趣事

"定分止争"的由来

定"分"止争，并非定"纷"止争。

"定分止争是关于法律功能的一个古老命题……管子的原话是说：'法者，所以兴功惧暴也；律者，所以定分止争也；令者，所以令人知事也。'梁启超就此指出，'定分止争'中的'分'就是今人所指之'权利'……战国时的慎到就曾形象地举例说，'一兔走街，百人追之，分未定也；积兔满市，过而不顾，非不欲兔，分定不可争也。'"[1]

某地人民法院派出法庭，法官调解有方。有一次，开庭时间到了，法官并没有步入法庭，而是请代理律师走进办公室，坦言案件有调解可能，请代理律师做做当事人工作。结果，嘿！真调解成功了。

---

[1] 冯玉军："律者，定分止争也"，网址：http://rmfyb.chinacourt.org/paper/html/2010-07/16/content_12480.htm，最后访问日期：2023年10月6日。

下 篇

法律人多维进阶

清代顾炎武在《日知录》中记有："保天下者，匹夫之贱与有责焉耳矣。"岁月如歌，进阶之路少不了家国情怀、社会担当。

笔者身边有几个例子：（1）石益坚博士回国创业，将增城野山茶通过高科技运用到美妆产品领域。拜访石博士的时候，笔者可以感受到家国情怀对于一位技术人才归国的促进作用。（2）"最美科技工作者"李学锋的家国情怀。"尽管繁忙的集团管理工作已经占据了李学锋大部分的时间，他仍然……结合自己在国内外多年的法务、知识产权和风控工作经验，发挥行业、专业和职业优势，奋斗于知识产权保护的第一线。"[1]（3）杞县"雷锋"孟照阳受到高中班主任边家恩的赞扬："一腔热血菩萨心，抛洒钱财为别人。心系他人，忘记自己。人之楷模，当世雷锋！"[2] 作为校友群组的骨干成员，他用真诚、友爱和实干，给遍布五湖四海的师生们送去牵挂与温暖。

对于律师行业，有不少年轻法律人感叹缺少标杆人物。如今社会，人们对律师群体有多种解读。在这种情况下，鼓励有情怀的律师在做好本职工作之余对社会保持一份热忱显得尤为重要。

---

[1] "京信通信集团高级副总裁李学锋：投身知识产权保护第一线 助推中国天线走向世界"，网址：https://www.gdkjb.com/epaper/view-96607.html，最后访问日期：2023年9月1日。

[2] 董伦峰、程文倩："金杞好人孟照阳：善行无期限"，网址：https://city.dahe.cn/2019/07-29/518031.html，最后访问日期：2019年7月29日。

九

新形势下的现代管理

管理是一种工作，它有自己的技巧、工具和方法；管理是一种器官，是赋予组织以生命的、能动的、动态的器官；管理是一门科学，一种系统化的并到处适用的知识；同时，管理也是一种文化。（彼得·德鲁克）[1]

---

[1] 刘磊：《现代企业管理》（第三版），北京大学出版社2019年版，第47页。

丰富多彩的一线企业管理

"企业是一个有机的整体,企业管理是一个完整的大系统,它是由生产管理、财务管理、营销管理、人力资源管理等子系统构成的,各子系统在企业管理中所处的地位是由它们在企业生产经营活动中所起的作用决定的,各子系统之间存在密切的关系。"[1]

(一)产业园区发展引擎:园区企业高管

园区企业,办公及运营等部门设在某个园区的公司、企业,是一个特定的企业群体。园区企业高管,是园区企业开动的引擎,其特质如下:(1)注重战略层面,注重管理体系的构建和标准的建立。(2)愿意聆听,能够与外聘律师高效沟通。例如,"我需要沟通两件事情,一是……二是……"(3)在股权设置、专利与商业秘密的协同保护等方面有自己的看法。(4)在政策衔接层面,与政府关系处理得当,同时体现一定的社会担当。协助地方政府盘活存量用地,解决中小企业资金融通、人力资源、股权激励、法律咨询等需求。(5)注重人才选拔。例如,熟悉一个完整的招聘流程是怎样的:发布启事、简历接收及筛选、初试与复试、笔试、签署入职承诺、实习、正式签署劳动合同。(6)注重合同审查、财税审计等法务合规工作。按

---

[1] 王关义、刘益、刘彤等:《现代企业管理》(第五版),清华大学出版社2019年版,第4页。

照《国有企业参股管理暂行办法》的规定，企业尤其是国有企业高管将进一步加强对知识产权的管理、使用，以有效维护企业权益和品牌价值。涉及流转转让、许可使用的，应当严格授权使用条件和决策审批程序，并采取市场公允价格。禁止因知识产权管理不善导致上市之路受阻的情况发生。（7）"自己扛"，挑大梁。例如，北京某知名图书营销平台的法务总监说："老板不走我不可能先走，经常熬夜加班，每天如此，习惯了。"（8）全力以赴。正如"耐力号"在南极海域沉没后英国探险家欧内斯特·沙克尔顿爵士向船员们展现出来的精神。（9）注重"和谐劳动关系企业"的创设。

（二）企业问题深度疗愈：私董会

近年来，私董会在一些企业作为一种深度培训的形式出现，企业通过私董会可以发现存在的阶段性问题，并在专家指导下找到解决方案。也有一些服务机构举办私董会，用于输出商务信息或专业知识，以及加强人员之间的横向交流。

私董会的参与群体，一般包括"君王"（案主）、"幕僚"、主持人和专家。主要流程包括梳理出当期讨论的问题、逐一发问并给出建议，以及复盘心得。私董会对参会人员的保密性要求较高，一些私董会还有专门的保密承诺环节。相比而言，征集案主的做法更有针对性，筹备组可以通过走访企业、开展访谈等方式，提前为当期私董会的举办做好准备。梳理出问题是基础、甄选出问题是关键。同时，主持人如同串珠人一样重要，专家的建议则具有较强的借鉴意义。例如，华南地区知名的私董会专家林雄武先生，在主持私董会时经常分享的建议就涉及行业状况、客户画像、客单价、复购率等。

私董会流程中的计划、行动、复盘，符合现代企业管理上的PDCA循环质量管理方法，即"质量环"或者"戴明环"：Plan、Do、Check、Action。

例如，在一次建筑材料企业的高管担任案主的私董会上，如何让知识产权加持企业发展，成为企业关注的焦点。企业根据"幕僚"、专家、主持人提出的建议甚至批评，迅速完善知识产权的创造、保护、管理、服务和运用，逐步在知识产权助力企业发展方面有所起色。

又如，在一次人工智能企业的高管担任案主的私董会上，如何打造适合自身的商业模式，让企业产品和服务造福更多人，成为企业关注的焦点。企业根据"幕僚"、专家、主持人提出的建议甚至批评，迅速分析当前运营中存在的问题，对比了同业竞争者的现状，逐步探索出适合自己的商业增长模式。

（三）人才：企业人才配置

对"企"字的一种解读令人耳目一新——"企"无"人"则"止"。关于企业人才配置，具有国外技术研发管理经验的殷建文博士有自己的见解：（1）销售副总（VP of Sales），负责产品的售前、销售和售后；（2）首席市场官（CMO），负责市场建设和推广，以及品牌打造；（3）工程副总（VP of Engineering），负责产品开发，着眼当前，以及未来1—3年；（4）首席技术官（CTO），负责未来3—5年甚至更长时间前瞻性的技术开拓；（5）首席创新官（CIO），负责未来3—20年甚至更长时间创新能力的打造，以及知识产权布局；（6）首席知识产权官（CIPO），负责知识产权的布局、管理及保护。

殷建文博士的梳理归纳，既体现了国际性，又相当接地气。笔者认为，一家企业如果可以将前述人才配备以及相关设置灵活运用，就可以在相关管理板块做到事半功倍。

（四）营销：真正的销售在签单之后

有人说，"真正的销售在签单之后"或者"真正的销售在成交之后"，这里蕴藏着企业管理的学问。

顾客始终是市场营销的中心，这从广东多数商家提供服务的细致程度以及服务态度可见一斑。例如，粉店里陈村粉、河粉、米粉、宽粉、细粉，加辣、不加辣，堂食还是打包，罗列得非常细致，"欢迎光临""多谢帮衬"一直不断。美国营销协会对市场营销的定义是："营销是组织的一项职能，是为消费者创造、传播、传递价值和管理顾客关系，为组织和利益相关者带来利益的一系列过程。"[1]

许多企业高管都有销售工作经历。销售工作每个人都可以参与其中，但是要做好销售工作、做出突出成绩，并非易事。销售人员要对拟销售的产品或者服务有非常细致、深入的了解，还要善于洞察客户的潜在购买需求及费用预算，出色的表达能力当然也不可或缺。所有这些功力，均非一日可得。

"销售不跟踪，到头一场空。"售后工作不容忽视。实践中，有些公司的销售业绩在某一个时期旺到爆棚，但是由于缺乏服务的持续性，忽略了客户的售后体验以及重复购买的意愿，最终败下阵来。这在注重流程的知识产权确权、维权服务过程中，体现得尤为明显。一个节点把握不好，就有可能使当事人蒙受重大损失。

如何理解"真正的销售在签单之后"？比如，在为聚合性的平台服务时，平台内部会产生源源不断的案件或项目，假设服务团队在前期的工作中获得了客户的认可，这种销售就是持续性的。还有就是转介绍，获得了客户认可的产品或者服务将被客户向上下游传播或者横向推介，即"口碑营销"。

因此，销售是将自己认可的产品或服务用心传递给客户，而不仅是一份养家糊口的营生。销售工作做得好，需要多种知识的积累和运用。

（五）合同：财富的一半是合同

合同、协议、合约、契约，是常见的民商事往来合作载体或者形式，用以明确一方和相对方的权利与义务。"财富的一半是合同"获得普遍认同，充分表明了合同、协议、合约、契约的重要性。

我国《民法典》中同时出现"合同""协议"字样，使用"合同"字样超过700处。契约则多见于年代久远的案例，如地契、卖身契。可以说，合同

---

[1] 王关义、刘益、刘彤等：《现代企业管理》（第五版），清华大学出版社2019年版，第149页。

与每一位自然人密切相关，也是多数财富的承载媒介。

《民法典》使用"协议"的场合，也有动词"协商"的意思。比如《民法典》第一千零五十四条规定："无效的或者被撤销的婚姻自始没有法律约束力，当事人不具有夫妻的权利和义务。同居期间所得的财产，由当事人协议处理；协议不成的，由人民法院根据照顾无过错方的原则判决。"

企业稳健运营，往往离不开合同的加持，例如采购、销售、融资、软件开发、人才甄选、股权激励等。北京仲裁委员会陈福勇先生认为："合同是建立商业关系的基础，也是商业交易的载体。合同订立得好与坏以及对其中条款的理解与履行恰当与否，直接决定了商业交易的成败。"[1] 通常来讲，优先出具合同蓝本的一方在后续的交易中占据优势，因为优先出具合同蓝本，实际上敲定了合同的运行逻辑、确定了合同的权利义务框架，合同相对方一般不会做大刀阔斧的修改，"缝缝补补"的情况比较多见。

在《合同法》时代，区分有名合同、无名合同。现在进入《民法典》时代，则区分典型合同、非典型合同。在非典型合同的法律适用方面，《民法典》规定，"本法或者其他法律没有明文规定的合同，适用合同编通则的规定，并可以参照适用合同编或者其他法律最相类似合同的规定。"

前同事、知名律师汪宏杰（笔名高云）在他的合同实务书中提到，不要签署"寸草不生型"的合同。为什么呢？那不是称职律师或者称职法务的优选做法。任何时候，只考虑一方的交易并不会长久，彼此成就，方可共同做到基业长青。

---

[1] 陈福勇："北仲陈福勇：如何培养涉外法律人才？"，"超律志涉外法律"微信公众号，2023年9月12日。

|九| 新形势下的现代管理

中规中矩的服务机构管理

中国的社会服务机构类型众多，包括社会中介服务业、法律服务业等。本篇以法律服务业中的律师事务所管理为例，向读者进行介绍。

据深圳律协秘书处介绍，1983年7月，深圳成立了全国第一家律师事务所——深圳市蛇口工业区律师事务所，标志着中国律师制度改革的开始；1993年8月，经广东省司法厅批复同意成立深圳第一家合伙制律师事务所——广东信达律师事务所，拉开了深圳律师"大下海"的序幕。

中国的服务业历来讲究"受人之托，忠人之事"。律师事务所根据不同的维度有多种划分方式。本书围绕主题区分为两类："大而全"的律师事务所与"小而精"的律师事务所。

（一）"大而全"的律师事务所

此种类型的律师事务所，律师之间、律师与其他部门职员之间、律师与合伙人之间不一定互相认识。记住每一位律师，对合伙人尤其是高级合伙人来讲也是个挑战。毕竟，不是每一位高级合伙人都有拿破仑那样的好记性。律师需要更加主动地融入律师事务所的发展，包括通过沙龙组织、文体活动等形式参与律师事务所的建设，不能有"事不关己，高高挂起"的思想。

笔者在广东卓信律师事务所实习的时候，曾和其他实习人员一同参与了由高级合伙人陆晖律师主办的涉及日本知名电器品牌的知识产权维权案件。这与该所合伙人善于发现人才、注重日常管理有关，也同实习人员主动保持学习的态度有关。

（二）"小而精"的律师事务所

"小而精"的律师事务所往往采用扁平化管理，合伙人之间凭高度信任依存。对于事务所日常运营中遇到的问题，及时沟通、台上沟通、当面沟通，充分发挥组织结构扁平化带来的优势。

管理合伙人统筹关注的事务包括但不限于以下板块：（1）组织建设（党务党建）；（2）品牌宣传（案例汇编、推文发布）；（3）后勤支持（人力资源、会务支持）；（4）客服支持（中台建设、流程衔接）；（5）市场拓展（会议营销、业务接入）；（6）业务管理（品质控制、出庭配置）；（7）政府衔接（投诉查处、年度考核）；（8）社会担当（公益慈善，你我共建）。

不少在"小而精"的律师事务所实习的人员，可以在两到三年内迅速成长为某一领域的专业律师，这是因为在"小而精"的律师事务所接触并深度参与的专业案件基数大，其办案思路与办案方法有一定规律可循。

（三）专业化服务机构的发展状况

以广东地区的知识产权专业化律师事务所为例，会务组织包括在广交会驻展接受参展商咨询、与各类商协会联办行业发展论坛、开办专题沙龙，等等。

如今社会分工越来越精细，律师行业也出现了许多细分专业的律师事务所，比如，专门从事合规不起诉业务、政府法律服务、海事海商业务的律师事务所，以及专门从事知识产权与竞争垄断业务的律师事务所，等等。在北京、上海、广州、深圳、杭州等城市，涌现出不少专门从事某一领域业务的律师事务所，或者是在规模较大的律师事务所出现了专门从事某一领域业务的律师团队。例如，广州就有专门从事毒品犯罪辩护的律师团队。近年来，北京、广州等地还出现了专门从事技术秘密业务研究与实践的律师团队。随着科学技术的迅猛发展，专业化律师事务所的细分程度进一步提升，说不定哪一天身边冒出一个专攻GPT法律事务的律师事务所也不出奇。如前所述，专业化律师事务所在专业提升、经验积累等方面拥有得天独厚的条件，在此类律师事务所实习的新人，往往"一个顶俩"。但是，此类律师事务所在格局视野、业绩创收等方面，相比于"大而全"的律师事务所不一定具有优势。

在市场拓展方面，经常出现关于"生存与尊严"的讨论，也就是人们对律师促进社会公平正义的期待与律师自身挣钱养家糊口这对矛盾的讨论。关于市场拓展的环境与手段，有人打了一个比方，律师团队某个时期展业，就像渔夫某一天去打鱼，附近一条河里的鱼的数量在当天基本是恒定的，打鱼的船只数不胜数、往来穿梭，但是收获却有多有少。如果赶上当天的河水被污染，鱼变少了，情况就更为复杂。

此外，金杜律师事务所创始合伙人王俊峰律师认为，律师机构的发展，离不开改革开放和依法治国，与时代息息相关。他说："过去，我们说心怀理想、不忘初心、感恩时代、感恩历史，有人以为这就是合乎时宜的漂亮话。其实不然。金杜能有今天，固然与大家点灯熬油的努力分不开，可是，没有改革开放，没有邓小平南方谈话，没有律师行业改革，没有法治国家建设，没有全面推进依法治国的总目标，金杜怎么可能在20多年内走过西方大律所历经百年才能走完的路？我们不能把成功完全归结为我们自身的勤奋、聪明、运气。"

咨询律师好比是求医问药

经济学家亚当·斯密指出:"我们把自己的健康托付给医生,把自己的财富,并且有时还把自己的名誉和生命,托付给律师,这两类人,是应该特别受尊重的。"李强总理曾谈及"经济学家的使命是经世济民"。此处,经济学家将医生、律师放在一起评论,可见二者具有诸多相同点,并且对社会影响广泛且深远。

人体构造异常复杂,生命的维持是一个巨大的动态系统工程。社会发展日新月异,人们遇到的纠纷类型也越来越具有挑战性。当遇到身体发出信号需要看医生,患者是选择看全科还是看专科?当遇到纠纷需要找律师,当事人是到综合性律师事务所还是到深耕一域的小型律师事务所?这两个问题有些类似。医院和律师事务所的管理水平,直接影响着患者和委托人的服务体验,甚至影响患者和委托人的财富、健康、生命。

三甲医院,科室齐全、设备先进,平日里专科诊室(如骨科、口腔科、疼痛科诊室)人满为患,全科诊室(全科医学科诊室,不是指乡村医务室或者社区医院的全科医生)则门可罗雀。多数患者选择看专科医生,大抵是因为专科医生在某一领域经验丰富,局部疾病可以"药到病除"。但是在患者排起长龙的情况下,出诊专家很难全面考虑疾病成因,看好了"高尿酸血症"却忽略了"肝肾功能受损",并不稀奇。综合性律师事务所人数多,部门设置齐全,可以满足不同当事人的法律需求,在家事传承、公司治理、刑事辩护等领域多有成功例证;而当客户有知识产权、医疗损害、海事海商等专业性较强的案件需要聘请律师代理时，综合性律所的律师可能会"心有余而力不足"。作为委托人，可以考量案件类型、案情特点、复杂程度等因素，选择到综合性律师事务所或者深耕一域的小型律师事务所进行咨询。

与三甲医院内部统一调配机制不同，目前中国多数合伙制律师事务所仍然是由单个个体或者团队（也有秉持高度专业化的所内团队，整体占比较小）构成的，而这些个体或者团队与所属单位的其他个体或者团队之间多数情况下并不存在紧密的协作关系。在这一点上，深耕一域的小型律师事务所做了一些突破，扁平一体的服务模式，在一定程度上解决了"头痛医头、脚痛医脚"的难题。

在中国人民解放军总医院第一医学中心与柳某医疗服务合同纠纷案[1]中，审理法院认为，人体系综合系统，在有基础疾病的前提下，新增疾病的诊疗过程并不能简单地根据"头痛医头、脚痛医脚"的内容进行切割，需要全面考量，整体治疗。

在张某与马某、永安财产保险股份有限公司宝鸡中心支公司等机动车交通事故责任纠纷案[2]中，审理法院认为，医疗行为具有相当的专业性和复杂性，人体亦是复杂的个体，并不能简单地"头痛医头、脚痛医脚"，在治疗伤病过程中，为了保证康复，必须进行综合的、全面的治疗和用药，才能达到康复目的。从治疗完整性、整体性的角度，很难将医疗受害人自身疾病的行为与治疗交通事故所致的损伤行为完全割裂。

---

1 参见北京市海淀区人民法院（2022）京0108民初34230号民事判决书。
2 参见陕西省岐山县人民法院（2020）陕0323民初1502号民事判决书。

各具特色的商会平台管理

为便于说理,本文将各类(总)商会、协(学)会、联合会、促进会、保护(研究)中心等社会组织,统称为商会。

(一)商会的职责

从定位及管理的角度来讲,商会宜关注以下事项:(1)机构运作方面,在环球视野下,注重服务意识,以使商会融入时代滚滚大潮。(2)与会员互动方面,以章程为基准,调动会员积极性,使其共同参与到商会的建设中来。(3)会议组织方面,改善营商环境,服务经济发展。因地制宜,设计出符合对口企业会员及个人会员需求的培训议题或其他服务产品。(4)社会担当方面,主动与各方面保持积极联络,促进国家经济社会稳定。此外,监事会或者监察室的成员功能不仅是监督,还可以发挥主观能动性从多个方面推动商会稳健发展。

广东省在对企业尤其是对民营企业的法律宣传上不断探索,包括面向中小企业展开培训。在此背景下,商会高管可以有较大作为空间。近年来,包括广东省版权保护联合会、广州市版权保护中心在内的多家商会,在承办企业知识产权实务研讨、政策宣传解读、案例分析讲解,以及促进国内外有志之士的交流合作等方面做出许多努力。

笔者参与了地方社会组织总会的法工委筹备工作,联合发起设立了中国软件行业协会知识产权保护分会、地方律协竞争与反垄断法律专业委员会,长期参与行业知识产权（版权）法律专业委员会的建设，目前正在担任部分商会的监事、理事、主任会议成员，对商会的管理有一定的观察和体会。有些商会活跃度高，有些商会相对"低调"，有些则是阶段性繁荣。总体来讲，各具特色。

笔者从参与某商会的年度研讨中得知，部分内地（大陆）商会与港澳台商会在日常运作方面存在诸多差别。比如，商会的经费来源可能有所不同，秘书处开展工作的主动性也可能存在差异。

（二）商会的发展趋势

有分析认为中国商会"发展十大趋势"[1]如下：（1）社会治理主体多元，行业协会商会在经济社会发展中将扮演重要角色；（2）遵循市场经济规律，行业协会商会市场化和民间化进程加快；（3）清晰界定责任权利，政府和行业协会商会将形成新型合作互动关系；（4）各司其职齐抓共管，行业协会商会管理体制迈入"后双重管理"时代；（5）稳妥试行"一业多会"，行业协会商会进入有序竞争和均衡发展时期；（6）激发市场主体活力，政府购买行业协会商会服务呈制度化和规范化；（7）立法进程提速，行业协会商会将迈入法制化发展轨道；（8）竞争的核心是人才竞争，优秀人才将成为行业协会商会生存发展的重要支撑；（9）发挥组织优势和作用，社会对行业协会商会履行社会责任呈刚性化约束趋势；（10）加强党的领导，行业协会商会党员教育管理规范化势在必行。

关于"后双重管理"，该分析指出，对行业协会商会实行双重管理，始于1989年国务院发布的第43号令《社会团体登记管理条例》。目前……《国务院机构改革和职能转变方案》要求建立统一登记、各司其职、协调配合、分级负责、依法监管的社会组织管理体制。行业协会商会管理模式将由双重管理转变为登记管理部门、教科文卫等行业主管部门和公安、财政、税务等相关职

---

[1] 商会圈："我国行业协会商会发展十大趋势展望"，网址：http://www.hubeitoday.com.cn/post/10/35688，最后访问日期：2023年10月5日。

能部门齐抓共管的多部门综合管理机制，政府相关部门主要是依法实施业务指导和行业监管。行业协会商会的管理重点主要是制定行业协会商会行为规则，建立互联互动、资源共享的信息平台，优化人事管理、职称评定、岗位培训、社会保险等政策环境，引导行业协会商会依章程开展活动。

（三）商会的建设方向

"要努力把商会建设成为以统战性、经济性、民间性有机统一为基本特征，有效承担政治引导、经济服务、诉求反映、权益维护、诚信自律、协同参与社会治理任务的中国特色商会组织。"[1]

---

[1] 赵春晓：''全国工商联推进中国特色商会组织建设纪实''，网址：http://finance.people.com.cn/n1/2020/1124/c1004-31942334.html，最后访问日期：2023年10月13日。

知产战略与管理体系构建

美国著名管理学家乔尔·罗斯和迈克尔·卡米提出："没有战略的企业，就像一艘没有舵的船，只会在原地转圈，也像流浪汉一样无家可归。"[1]

谈到战略与企业管理体系构建，我们先通过两个案例了解一下现代企业的具象管理职能。

第一个案例：电影《中国机长》，这部影片由川航事件改编而来。电影通过"安静""紧张却忙而不乱""让人松一口气"的剧情逐步展示机组、塔台等方面对该事件的处置，体现了危急情况下空中、地面的高效协作与联动。

第二个案例：南方某汽车配件实业公司，在一段时期内经常遭到外埠一家同行的骚扰，骚扰的主要理由之一就是其一直在用的商标字号归属不清。于是，这家公司的高管责令法务团队与外聘律师合作，誓要通过法律途径排除干扰，加强自己的品牌。由法务和律师组成的项目工作组经分析发现，对方存在制造混淆误导客户、通过宣传册等媒介进行虚假宣传等行为，然后协调各方组织充分的证据材料，果断启动了知识产权与竞争纠纷诉讼，最终通过诉讼"拿回"了本应属于自己的商标字号。之后，公司高管对项目工作组给予了奖励，公司的销售部在开拓市场时也更加主动了。

---

[1] "战略前瞻性是企业的命脉"，网址：https://www.jiemian.com/article/767133.html，最后访问日期：2023年10月17日。

第一个案例体现出一个团队、一个企业乃至一个系统的组织、领导、控制、协调、决策等能力。第二个案例体现出一家公司在知识产权维权过程中发挥出来的计划、组织、决策、协调、激励等能力。这两个案例比较完整地展现了现代企业管理的具象职能：计划、组织、领导、控制，以及协调、激励、决策，等等。

当今企业对科技的运用越来越普及，与此同时，环境的适应性对于企业也提出更高要求。任正非先生曾说华为流水线"20秒钟一部手机"，流水线上基本看不到什么人。未来，人们如果不懂计算机、不懂英语，可能连工作机会也没有。而新冠肺炎疫情导致众多企业的生产、服务能力发生巨大变化，企业要想存活下来、发展下去，必须迅速调整发展战略。

笔者认为，具体的知识产权管理方法是开放的，并非一成不变的，梳理归类、调查研究、流转运用、目标导向、媒介宣传，都可以作为知识产权的管理方法。在管理体系构建的延续性方面，特别要注意，备受关注的《企业知识产权管理规范》（GB/T 29490—2013）业已修订——"由国家知识产权局组织起草、国家知识管理标准化技术委员会（SAC/TC 554）归口管理的《企业知识产权合规管理体系　要求》（GB/T 29490—2023）已于2023年8月6日由国家市场监督管理总局、国家标准化管理委员会发布"[1]，2024年1月1日起正式实施。在战略规划的具体制作方面，企业宜结合自身所处阶段，考虑公司是要迅猛发展还是要进行收缩，是突出差异化还是优先考虑成本，是注重营销还是注重人力资源等不同的战略去制定规划，确保全员领会并执行。企业在制作知识产权战略规划时，以下工具也可以根据自身发展情况予以参考：SWOT分析（内部优劣势及外部的机会与威胁分析）、PEST分析（对宏观环境予以分析）、Porter's 5 forces analysis（行业基本竞争态势分析）。

---

[1] 国家知识产权局："《企业知识产权合规管理体系　要求》（GB/T 29490—2023）国家标准解读"，网址：https://www.cnipa.gov.cn/art/2023/9/5/art_66_187235.html，最后访问日期：2023年9月13日。

在知识产权战略及管理体系构建场景下，笔者给出两组提示词：知识产权全链条使用的词：创造、保护、运用、管理、服务；GB/T 29490—2023使用的词：获取、维护、运用、保护。建议读者朋友们在不同的场景下，区分使用，不要混用。

企业知识产权战略规划是一个系统工程，在体系构建上要做到宏观与微观有机结合且须注重延续性；在方法上要做到措施到位，有效推进；在规划上要做到未雨绸缪，纲举目张。而后，通过大量的案例去实践、去完善。只有如此，知识产权战略规划及管理体系构建，才能真正对企业的稳健发展有益。

笔者在广东省企业知识产权高管人才培训班上授课

打造管理团队的标准导向

在团队打造过程中，有的管理层喜欢给职员讲故事，比如买土豆的故事、买钻头的故事，然后通过这些故事，向团队传递顾客购买的不一定是物品、主动性在任务达成中的促进作用、商业模式需要创新发展等理念。

2023年第三季度，华为公司新款手机HUAWEI Mate 60 Pro和HUAWEI Mate X5再次进入包括"花粉"在内的诸多国内外用户的视野。产品抢手，往往意味着产品的研发团队及管理团队卓尔不群。本篇探讨企业管理团队打造的标准导向。

巴金说："支配战士行动的是信仰，他能忍受一切艰难、痛苦，而达到他所选定的目标。"不是每一家企业均有团队管理的标准导向，企业在不同的发展阶段可以做出不同的标准导向。

华为公司原高管Grit在一次讲授华为人才战略时，从以下10个方面分享了"华为的干部梯队是如何打造的，干部选拔的标准和导向是什么"[1]：（1）经营导向，考核有收入的合同。（2）重用在一线打过胜仗的员工。（3）有业绩的专才，工资要跟上管理层。（4）高管有什么样的追求，企业就有什么样的文化。（5）对事负责，不是对人负责。（6）关键事件中的表现，更凸显干部的成色。（7）干部要"之"字形成长。对此，Grit提到华为公司中高层的关键岗位，一定要"之"字形成长，跨领域成长，这是弥补现有岗位能力差

---

[1] Grit："任正非培养干部的10个秘诀"，"总裁读书会"微信公众号，2023年9月17日。

距的一种手段。(8)不仅把业绩完成,还要激发组织活力。(9)制定继任计划,提前看到优秀的年轻人。(10)走出干部选拔的误区。对此,Grit提到华为公司中高层要以全业务场景、全球化视野去选拔干部,防止出现"烟囱期"。

本书在"知产战略与管理体系构建"一文提到企业管理方法是开放的。Grit的梳理恰好体现了华为公司重实绩、有序且开放的企业管理方法,为其他企业在团队管理打造的标准导向上提供了有益借鉴。

此外,有些企业非常注重孝道等职员素养的考察。曾仕强教授说:"每一年都是孝道的元年。"实践中,有些企业高管公开演讲称,不孝顺父母的人不要和他做朋友。有些企业则会在中秋、春节等节假日安排人力资源部门寄送礼品给职员的父母。

篇章趣事

执业律师忌用"全权代理"

当事人十分信任你,委任你代表其出庭据理力争、全面反击,《授权委托书》不要写"全权代理",而应写"特别授权"。如果当事人只是委任你代表其出庭就一般事项发表意见,重要事项还得庭后与其商议方能最终确定的,则不是"特别授权"代理,而是"一般代理"。

十

复合知识助园区企业

> 我们在科学上的兴趣经常需要科学外的杠杆的支持,通过它使科学之轮得以转动。(拉德布鲁赫,1940年)[1]

---

[1] [德]古斯塔夫·拉德布鲁赫:《法律智慧警句集》,舒国滢译,中国法制出版社2016年版,第146页。

园区企业与法律多维连接

本文介绍园区企业项目申报与评审、园区创新创业辅导,以及法律与知识产权意识的树立。

(一)项目申报与评审

关于项目申报与评审,以及评审后的政策激励、物质激励,是国家和地方政府促进知识产权创造的手段之一。有不少代理机构或者咨询公司在项目申报方面积累了丰富的经验。此类代理公司或者咨询公司与深耕一域的律师事务所一道,可以为园区以及园区内企业的知识产权创造、保护、运用、管理、服务做好支持。

地方市场监督管理局或者文化广电旅游体育局、知识产权保护协会、版权保护协会、商标协会等单位,在组织企业进行项目评审方面积累了丰富的经验。经评审入围的企业,可以在财务、政策等方面获得支持,以鼓励本地企业增强创新能力,服务经济大局。

实践中,项目评审分为现场评审和书面评审。被选中当期参与评审的专家,根据项目申报组织方提前设置好的条件,逐一对照、客观判断,给出评审意见。现场评审可设组长一名,负责总体统筹、协调,推动评审进度。书面评审,评审专家则根据项目申报的组织方提示的日期,在此提示日前完成评审、提交评审结果即可。

为保证申请企业参与竞争的公平性,评审同诉讼审理、仲裁审理一样,设有回避机制。实践中，项目评审的组织方可以通过让评审专家填写《承诺书》的方式，完成回避制度在当期项目评审工作中的落实。

关于专家评分、拟立项情况及资金分配方案的公示。以广东省广州市2023年项目申报与评审工作为例，广州市市场监督管理局根据《广州市知识产权工作专项资金管理办法》、知识产权项目申报指南等文件要求，在对本年度（一般会分批进行）本地知识产权项目的申报项目进行资格审查和专家评审后，会将专家评分、拟立项情况及资金分配方案予以公示，并明确指出，任何单位和个人如对评审结果有异议，可以在标明的公示期内，以书面形式，向广州市市场监督管理局提出。

（二）园区创新创业辅导

在某种程度上，园区企业的创新能力与管理水平提升、法律问题调处成正关联，园区企业创业需求越旺盛、创新项目越多，创业辅导的需求就会越多。

例如，国家版权贸易基地（越秀）与国家商标品牌创新创业（广州）基地（"双基地"）早期开展有版权经纪人培训工作，会邀请不同领域的专家委员会成员到基地大厅、调解室解答企业的问题。又如，地方人力资源和社会保障局联合产业园线下举办企业创新创业类的各种讲座，如金融财税、知识产权、劳动关系维护等专题，邀请外部讲师、园区企业代表共同研讨。

（三）法律与知识产权意识的树立

随着国际国内知识产权案例日益普及以及部分园区企业直接从知识产权政策、服务中获益，园区企业的法律与知识产权意识已普遍树立并逐年加强。以广州某数字经济产业园为例，其产业园办公室经常引入各领域法律人才到园区普及相关知识。除了知识产权，劳动关系处理、股权激励设置、金融财税规划等也越来越受到企业重视。部分企业未雨绸缪，主动聘请对口的人力资源、金融财税或者法律服务机构担任常年顾问或者专项顾问，作为对企业稳健运行的长远谋划。

项目申报评审（包括培育应用介绍）、创新创业辅导（包括对接版权质押、品牌打造、专利转化），以及企业法律与知识产权意识的树立，客观上使得园区企业与法律建立了多维的连接。

近年来，南方某高校的创业教育学院还将实践辅导量化，对入库专家进行绩效评比，这也是一种新的尝试。

面向中小企业的法律援助

相比于大中型企业，中小企业更需要通过咨询解答、专题培训、出庭支持等形式获得法律援助。

（一）地方司法行政机关与行业协会暖企行动

以广东省为例，广州市司法局法律服务大厅安排了律师进行轮值坐班，解答群众和企业代表咨询。也有律师通过广东法律服务网进行驻网值班，向中小企业和群众提供法律咨询解答服务。广州市律师协会还创新举措，在"律兴App"开通公益项目申报通道，助力律师为中小企业送温暖。有一些地方商协会，如汕头电影协会、澄海玩具协会等，都在不同时期通过组织专家讲座等形式为中小企业带来福利。

（二）法律援助基金会对中小企业的关爱

广州市法律援助基金会通过组织广播电视台和法律专家，联合开展企业合规专题片《法治密码》及对应栏目的制作，为中小企业提示法律风险。该基金会也在部分产业园组织开展数据、合同、知识产权、人工智能等方面的专题法治培训。

（三）市场监督管理局（知识产权局）与文广旅体局视角

广州市市场监督管理局（知识产权局）在本地知识产权协会或者版权协

会等商协会的配合下，通过安排专家点对点指导帮扶、开展专题培训等形式，推动本地中小企业知识产权创造、运用、管理、保护与服务，增强本地企业发展信心，助力本地经济持续发展。也有地方的文广旅体局联合本地文学艺术界联合会向本地文创、音乐等企业进行义务帮扶的案例，帮扶的形式包括进入企业调研、了解企业阶段发展困难，然后将问题分类，再协调不同领域的资源，逐一解决企业困难。

直播带货的三大法律风险

2020年年初，突如其来的新冠肺炎疫情给人们的出行带来极大不便，足不出户便可参与工作、学习、消费和更多社会事务逐渐成为人们的刚需，于是以价格有优势、受众群体大、即时做互动等特点呈现的"直播带货"（业态）如雨后春笋般涌现。

直播带货涉及主体繁多，至少包括平台、商家（供货商）、主播、消费者，还可能涉及MCN（多频道网络，一种新兴网红经济运作模式）机构等。从常见的平台、商家、主播视角来看，如果带货直播的前期筹备没有法务人员的参与，将面临三种法律风险：

（一）商家角度

商家生产、提供销售的商品须是正品或者有合法来源。贪图赚快钱，大批量提供未经授权制作的复制品等假冒商品，将直接面临民事索赔、行政处罚（包括没收违法所得、责令停业整顿、吊销营业执照），甚至刑事追责。

（二）平台与主播角度

平台销售未经授权制作的复制品等假冒商品，将同商家一道面临民事索赔、行政处罚（包括没收违法所得、责令停业整顿、吊销营业执照），甚至刑事追责；主播在直播带货活动中可归于"广告代言人"范畴，一旦出现知假卖假，除了面临法律风险，还将名誉扫地，失去很多"带货"机会。

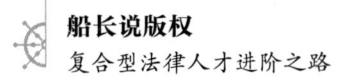

（三）平台运营公司角度

若平台运营公司自身疏于管理，合同意识薄弱，权利审查不严，则随时可能突破安全底线。守不住安全底线，等待企业的将是警告函，甚至是更为严厉的行政处罚"告知函"、刑事羁押"通知书"。

根据前述三种法律风险的类型及特点，本书尝试相应给出三条处理建议：

（一）授权环节

平台自身要加强对作品登记、商标注册、专利申请信息及授权链条的管理，建立法务审查机制，力求做到在每次开播前对直播涉及的美术作品、商标标识、外观设计专利等权利进行梳理，确保涉及的商品品牌不存在权利瑕疵或授权瑕疵。

（二）法务机制

实践中，不少平台运营公司及时聘请了法律顾问，但仍有大量的平台不重视法律风险防控在直播带货中的作用。建议尽快建立法务机制，包括内部专岗以及外聘律所。

（三）主动维权

法谚曰："法律不保护权利上的睡眠者。"当消费者等主体的权利因带货直播遭到损害，建议及时拿起法律武器维权。

在广州妆后贸易有限公司（以下简称妆后公司）、冷某与张某著作权侵权纠纷案[1]二审阶段，审理法院就"一审判决赔偿数额是否合理"进行如下说理：

上诉人主张：（1）一审法院对产品销售数额的确定不符合客观事实。对

---

[1] 参见广州知识产权法院（2021）粤73民终3739号民事判决书。

于产品销量的确定,应根据"快手"平台上显示的数据,而不应该根据第三方提供的数据。对于被上诉人提供"飞瓜数据网"的数据并不具有权威性和证明效力,即使可以作为证据,亦应由"飞瓜数据网"的提供方作为证人出庭接受质证及解释数据采集的真实性、客观性;(2)被上诉人主张的损失无事实依据……直播带货销量,主要依靠网络主播自身的知名度和粉丝量,而非产品本身的质量,亦不可能是产品上的图案,同样的产品,明星或者网红直播带货的销量和个人的直播带货销量会存在巨大差异……一审法院确定的每件产品赔偿金额高达28元,零售价为59元,单价销售毛利不足25元……

被上诉人辩称,一审法院酌定的赔偿数额综合考虑了两上诉人侵权行为的严重性、主观恶意等多种因素酌定赔偿是合理的。被上诉人进一步提出其在一审中提供的(2020)粤广南粤第14396号公证书可以证明两上诉人的真实销量,两上诉人诉称"其直播人员的粉丝量高达百万",仅通过"快手"直播销售被诉侵权产品的数量就非常巨大,可见其侵权范围广泛,后果极其严重,两上诉人与被上诉人诉讼前有合作意向,有接触过涉案美术作品,后双方未能合作成功,妆后公司、冷某盗用我方的模特图作为宣传页面,可见其主观恶意明显。

二审法院认为,一审法院酌定赔偿金额系综合考量众多涉案因素后确定的,并未直接通过"快手"平台和"飞瓜数据网"的销量来认定赔偿金额,且被上诉人对"快手"平台和"飞瓜数据网"的销量进行了证据保全公证,在两上诉人未能提交证据证明涉案公证书内容违法或者与事实不符的情况下,上述公证书可以作为认定本案销量事实的证据,故对两上诉人的主张不予支持。

线上和线下普及知识产权

相比于送米送面、献血捐款，线下普及法律知识也算一种适合律师行业的公益参与方式。要努力做有知识储备、有社会担当、有良好时间管理能力的复合型法律人才。

（一）专业社交群组线上研讨

在社群运营方面，由笔者等二十余人担任管理员的版权群组多年来坚持举办专题沙龙，主题根据最新的知识产权、版权热点话题筹备，因群组成员来自不同的国家和地区，法律、文艺夹杂，亦庄亦谐，其风格被总结为"专业起来了不得，娱乐起来不得了"。可以公开检索的沙龙实录正本分布在"知产库"微信公众号、"中国文字著作权协会"微信公众号，在业内具有一定的影响力。这得益于管理员的付出、轮值引领、成员的多元化、有持续的学习需求及对法律与知识产权的深度认同。

在北京新橙科技有限公司与国家知识产权局等商标行政诉讼案[1]中，版权群组的沙龙实录对事实起到了客观印证作用。北京市高级人民法院认为，上诉人"学习、从事的领域为知识产权领域，对商标法亦有所了解……其在2016年7月7日的'高杉LEGAL'线上沙龙中亦接触过'icourt'标志，上述

---

[1] 参见北京知识产权法院京73行初17319号判决书，北京市高级人民法院（2022）京行终1362号判决书。

'icourt'标志显然具有识别服务来源的作用……该线上沙龙由第三方提供，在第01532号公证书已经对相关内容进行公证的情况下"，仅凭上诉人的否认"不能推翻该公证书内容的真实性"。

笔者认为，一个有持续学习力的专业群组其特点包括：（1）当期主持人视野开阔；（2）群员具有求知心与责任心；（3）成员职业多元化；（4）公益性服务机制；（5）冲突的管理机制；（6）规律性开展专题研讨；（7）线上线下相结合。

（二）线下普及版权知识已成常态

南方人才市场一直倡导："面对面的交流，是最好的交流。"还将此宣传语公示在其工作区域。

相比于线上社交群组的研讨，线下普及版权知识会更加深入。多年来，笔者在工作之余会带队走进园区、高校、商协会等平台，开展法律与知识产权知识的普及。走南闯北，坚持不懈，体现了一位复合型法律人对法律、知识产权学理与实践的长期探索。

1.广东中山，仲裁机构，线下宣讲版权

2021年7月8日，由广东省中山市律师协会与广州仲裁委员会中山分会共同主办的"知识产权保护"专题沙龙在中山商事仲裁大楼举办。笔者受邀做《新修〈著作权〉几个关注点》主题演讲。

笔者线下普法，广东中山

2.河南开封，高等院校，线下宣讲法律实务

2019年4月15日，笔者受邀参与在位于河南省开封市的百年名校——河南大学的法学院第一会议室举办的"知识产权法律实务现状与未来"研讨会。

笔者线下普法，河南开封

3.湖南蓝山，县委大院，线下宣讲版权

2018年4月26日，"知识产权大讲堂"活动在湖南省永州市蓝山县委大院500人礼堂开幕。笔者受邀做知识产权实务宣讲，助力地方经济发展。新华网对当天活动及时进行了报道。

4.重庆，园区企业，线上线下结合

2018年4月21日，怀着对知识产权事业的热忱，来自北京、西安、武汉、广州、成都等地的同仁，来自中国文字著作权协会、西南政法大学司法鉴定中心、广东技术师范学院、重庆邮电大学、暨南大学等机构的专家，以及部分企业实务界代表约30人，在重庆共同参加了笔者牵头组织的一场别开生面的晚间沙龙。[1]

线下普及法律知识、知识产权知识，分析案例，解读政策，如果遇有以下情形，效果则事半功倍，也更能引起与会者的共鸣——参与者来自不同地域、不同行业；参与者带着实际问题而来；组织方安排了车间或场所一线调查研究；企业部门主管愿意深度剖析存在的问题，等等。

---

[1] 中国文字著作权协会："知产实务的现状与未来"，"中国文字著作权协会"微信公众号，2018年4月25日。

对园区企业几点管理建议

近年来,广东地区以及江浙一带的园区企业,包括汕头、澄海玩具企业发展迅猛。下面以玩具企业为例,从生产、销售、合规建设等方面提出与知识产权管理有关的几点建议(侧重版权授权)。

(一)生产环节

在生产环节,除非由自己公司研发设计,生产玩具产品须事先持有带有知识产权瑕疵担保条款的许可文件方可进行。明确约定如果委托生产的授权存在瑕疵,而遭到第三方主张权利的,由委托生产方负责斡旋,法院或者仲裁机构裁判承担赔偿责任的,由委托生产方承担最终的赔偿责任。

(二)销售环节

在销售环节,除非自产自销,出售或者促销赠与非自主生产的玩具产品,须留存完好的购买凭证,以备侵权纠纷发生时查验。根据现有的法律规则,如果销售方在知识产权侵权纠纷中,可以提供来自上家的购货凭证,则可以免除赔偿责任。《商标法》(2019年修正)第六十四条第二款规定:"销售不知道是侵犯注册商标专用权的商品,能证明该商品是自己合法取得并说明提供者的,不承担赔偿责任。"

（三）关于合规建设

近年来，国家重视企业合规建设，《国民经济和社会发展第十四个五年规划和2035年远景目标纲要》明确将"引导企业加强合规管理""推动民营企业守法合规经营"写入其中。在日常经营管理中，须重视涉及玩具产品的知识产权创造、运用、保护、管理、服务各链条工作，重视知识产权授权，做好合规审查。

（四）关于更新换代情形下旧版与新版的问题

对于不同版本，企业可以办理多次作品登记。但对于微小的变化，不建议办理多次作品登记，以免给消费者留下类似"米老鼠法案"情况的窘困印象。

（五）关于玩具包装盒标明"正版授权"的问题

标明"正版授权"，须注意核查对应的许可或者授权文件，确保授权或者许可文件的合法性、连贯性。涉及航空航天、军事国防知识产权，其流转程序的要求更为严格，需要谨慎对待。

此外，企业生产的玩具如果涉及航空航天、军事国防等领域，在生产、销售时尤其要注意，拿到此类资源的授权许可并非易事。这与国防专利是否可以便捷检索、研发涉密等情况有关。企业要据实呈现，不得做虚假宣传。

笔者提醒，园区企业在遭遇著作权侵权或者收到著作权侵权警告函时，宜及时将有关诉讼、仲裁信息同步给园区法务与知识产权支持部门。园区在为众多企业服务时积累的丰富经验，大概率会助你一臂之力！

公证、评估以及鉴定的运用

公证、评估与鉴定，一般不会同时出现在同一个诉讼程序或者仲裁程序中。从笔者代理或审理的涉及知识产权的案件实践来看，公证被运用得最为普遍，鉴定次之，评估被运用得相对较少。

（一）公证

根据我国《公证法》的规定，公证是公证机构根据自然人、法人或者其他组织的申请，依照法定程序对民事法律行为、有法律意义的事实和文书的真实性、合法性予以证明的活动。

在向海平主编的《公证理论与实务》一书中，公证（notary）一词来源于拉丁语nota一词，原是古罗马"书写人"用来快速抄录文书的一种速记符号。中国公证制度发端于西周时期的"公证"，同期，"私证"也开始产生和发展。

公证机构并不按行政区划层层设立，比如广东地区有广东省广州市南方公证处、广东省广州市广州公证处（注意，不是"广州市公证处"）、广东省广州市海珠公证处（同理，不是"海珠区公证处"）。此外，广东地区也有合作制公证机构的探索实践，如广东省广州市南粤公证处。

近年来，联合信任时间戳等平台也承担了一部分固证存证业务，并且日益得到司法实践的认同。

（二）评估

根据我国《资产评估法》的规定，资产评估是指评估机构及其评估专业人员根据委托对不动产、动产、无形资产、企业价值、资产损失或者其他经济权益进行评定、估算，并出具评估报告的专业服务行为。资产评估在量化企业资产方面拥有独特优势，在知识产权领域通常涉及知识产权出资、知识产权的流转等方面。评估离不开实测及数据。由国家知识产权局会同中国人民银行、国家金融监督管理总局组织编制的推荐性国家标准《专利评估指引》（GB/T 42748—2023，以下简称《指引》）已于2023年9月1日起实施。《指引》提供了专利评估的基础性方法工具，构建了一套可扩展、可操作的专利价值分析评估指标体系，包括法律价值、技术价值、经济价值一级指标3项。科学指导许可转让、金融、财税、侵权救济、分级管理等不同场景下的指标选取和权重调整，供企业、高校、科研组织、金融机构、评估机构等主体根据实际需求和具体场景选用。[1]

在仲裁实践中，注册房地产估价师可以就委托人申请出具《房地产评估咨询报告》。

（三）鉴定

鉴定根据检材的不同区分不同类型，常见的鉴定涉及机动车伤残、医疗事故、笔迹、工程质量等情形。据司法部官网介绍，"司法行政机关实行登记管理的司法鉴定业务"[2]有四种，分别是：法医类鉴定、物证类鉴定、声像资料鉴定，以及环境损害司法鉴定。

本篇简要介绍涉及知识产权的司法鉴定。根据《司法鉴定程序通则》，

---

[1] 国家知识产权局："《专利评估指引》国家标准正式发布"，"国家知识产权局"微信公众号，2023年8月31日。

[2] 司法部："三、司法行政机关实行登记管理的司法鉴定业务有哪些？"，网址：https://www.moj.gov.cn/pub/sfbgw/zwfw/zwfwbszn/bsznsfjd/202112/t20211228_445107.html，最后访问日期：2023年10月6日。

司法鉴定是指在诉讼活动中鉴定人运用科学技术或者专门知识对诉讼涉及的专门性问题进行鉴别和判断并提供鉴定意见的活动。其中，鉴定意见在著作权权属、侵权纠纷案中的相关表述包括相似、相同、不同、基本相同、实质（性）相同、高度相似性，也有鉴定意见表述为"实质性相似"的案例。在计算机软件作品和文字作品鉴定实践中，鉴定机构出具鉴定意见时采用所占比例表述的情况比较常见。

在奥托恩姆科技有限公司与深圳市福恰科技有限公司侵害计算机软件著作权纠纷案[1]中，上海辰星电子数据司法鉴定中心于2012年12月25日出具了沪辰司鉴中心［2012］计鉴字第268号《司法鉴定意见书》。该《司法鉴定意见书》记载："将原告送检的其邮件服务器程序MDaemonV11.0.3的安装程序'md1103_en.exe'与前述下载的邮件服务器程序U-MailV9.8.47的安装程序'U-Mail9.8.47.exe'进行比对，通过比对两者的目录结构、目录名称、文件名称、文件内容、管理界面以及进程，鉴定意见为两者存在实质性相似……"

---

[1] 参见深圳市福田区人民法院（2013）深福法知民初字第1248号民事判决书。

电子计算机的诞生与发展[1]

计算工具的应用由来已久，例如过去所使用的算盘和利用对数原理制成的计算尺等。电子计算机的出现，是从机械计算机、机电计算机一步一步演化而来。它是现代数学与电子技术相结合的产物。电子计算机堪称现代社会的骄子，它一出现便深为人们所喜爱，在不到半个世纪的时间里，即以其不可阻挡之势应用于人类社会的各个领域，深刻地改变着人类的生产、生活。

最早研制机械计算机的是法国数学家帕斯卡。世界上第一台存储程序的电子计算机是在英国剑桥大学数学实验室于1949年建成运行的，领导这项工作的是威尔克斯。电子计算机的硬件部分由于机器的规模和用途的不同而不同，但其基本组成是一致的，即中央处理器、存储器和输入/输出装置三大部分。中央处理器和内存储器构成了电子计算机的主机，外存储器以及输入/输出装置等则是它的外围设备。

人类利用计算机完成指定的工作，计算机完成任务后把结果交给人类，这就存在着人与机器交流的问题。人类直接运用二进制代码与机器对话非常困难，因此必须创造能供人机对话的特殊语言，即"计算机语言"。

早在1950年图灵就提出了"机器思维"的问题，他在著名的论文《计算机能思维吗？》中指出："如果机器在某些现实的条件下，能够非常好地模仿

---

[1] 本文梳理自潘永祥、李慎：《自然科学发展史纲要》，首都师范大学出版社1996年版，第322-340页。

人回答问题，以致使提问者在相当长时间内误认为它不是机器，那么机器就可以被认为是能够思维的。"

以往人类制造工具都是为了增强自身的体能和延伸自身的感官，人类赖此得以生存和发展，创造了繁荣昌盛的人类社会。电子计算机与以往的工具不同，它不是人体一般器官的扩展，而是人类脑力的延长，其意义当不亚于远古时代的工具发明，理应被看作人类社会进入新阶段的标志。

从《自然科学发展史纲要》一书对电子计算机的介绍不难发现，人机交流、计算机语言，以及运用穿孔卡片实行控制以织成各种图案织物的自动提花织机等素材，很容易让人联想到当下热门的ChatGPT，以及其他关乎计算机与版权的话题。

人工智能课企业现场提问

北宋时期沈括的《梦溪笔谈》，被西方学者称为中国古代的百科全书。英国科学史家李约瑟推崇《梦溪笔谈》为"中国科学史上的里程碑"。[1] 在一次人工智能研讨会上，有学者甚至由AI联想到此书。

从AI作画可以得出以下结论，眼见为实已成为过去。例如，在一幅AI绘画作品中，画面显示在广州东山口的某条街道上，临街的一座楼的窗户里燃烧着熊熊火焰，街上的人们却对此津津乐道。这是艺术的美感，还是破坏性的冲击？很难一锤定音。

2023年，我国《生成式人工智能服务管理暂行办法》的出台，在业界引起广泛讨论；美国好莱坞编剧工会罢工事件[2]，也引发了人们关于创作与保护的思考。2023年4月26日，笔者为某知名集团做专题讲座，题目是《从AI作画/GPT问答谈企业版权保护新发展》。在讲座现场，有多位来自一线的职员提问。提问大多涉及以下三个话题，现摘要介绍如下：

（一）AIGC使用训练素材是否存在侵权风险

AIGC（人工智能生成内容），又称生成式AI，通常被认为是继专业生产内

---

[1] 省社科联："中国科学史上的里程碑《梦溪笔谈》"，网址：https://www.zjskw.gov.cn/art/2022/5/16/art_1229614965_46849.html，最后访问日期：2023年9月4日。

[2] 刘骁骞："美国编剧工会宣布结束近5个月的罢工行动"，网址：https://news.cctv.com/2023/09/27/ARTIURW13M5dtal9c6zz1j4k230927.shtml，最后访问日期：2023年10月6日。

容（PGC）、用户生成内容（UGC）之后的新型内容创作方式，如图文影音、游戏及虚拟人。假设训练的素材具有著作权，如果具有商业性质的使用者在进行素材训练时未经著作权人许可，则使用该素材进行训练的行为存在侵权风险。

未经许可使用他人素材，且当次使用不属于对著作权的限制情形，则侵害他人素材著作权的风险客观存在。

（二）付费使用智能创作工具生成的图片是否存在侵权风险

行为人按照智能创作工具的要求付费，然后在商业场景下使用该工具生成的图片，如果能够证明此前已经取得著作权人的许可，被认定不承担侵权责任的可能性较大。

经授权使用他人作品，是我国《著作权法》鼓励的行为，此时，通常不存在侵权问题。

（三）AIGC迅猛发展，创作者如何保护自己的知识产权

法谚曰："法律不保护权利上的睡眠者。"第一，鼓励自然人主体办理作品登记，一旦发现自己的作品未经许可被新的技术工具使用，建议理性拿起法律武器进行维权，争议解决方式多元并举，包括协商、调解、仲裁、诉讼。第二，法人和非法人组织作为作品的著作权人或者继受权利人，参照前述思路开展维权。

登记虽然不是获得版权的前置程序，但持有登记证书通常对权利人后续开展维权具有加持作用。

篇章趣事

扶贫与扶智

以前扶贫队下乡扶贫却被农户拒之门外的事时有发生。是方法出了问题，还是其他方面出了问题？笔者认为，送米送面强行合影留念，不如踏踏实实送知识。

十一

法科生职业生涯规划

> 世界太丰富多彩,太活泼生动了,以至于使自己陷入惟一真理的牢笼之中。(拉德布鲁赫,1917年)[1]

---

[1] [德]古斯塔夫·拉德布鲁赫:《法律智慧警句集》,舒国滢译,中国法制出版社2016年版,第2页。

成长路径及职业生涯规划

从组织或者参与的多地高校巡回沙龙中，笔者发现，被法学与知识产权学院学生提到最多的问题之一，就是成长晋升与职业生涯规划。

相比于到公（安）检法公（证）仲等单位机构任职，或者去高校科研等机构工作，一些法科生更为关注的是未来能否在一家心仪的公司法务岗任职。法务对公司发展的意义，不仅体现在助力企业规避风险，还体现在助力公司增加交易估值，帮助公司持续盈利及提升综合竞争力。中国曾经推行法律顾问执业资格制度，目前该制度已废止。实践中，以副总经理或者法务总监为核心构建法务体系比较多见。日常工作涉及知识产权的企业，其法务掌握着包括版权在内的多种类型知识产权的获取、维护、运用、保护等技能，对所在企业稳健发展具有重要意义。

笔者常常建议，法学与知识产权学院的学生从大一开始就要把基础夯实，同时发掘与专业相关的兴趣点，尽可能多地参与社会实践。大三或者研二不准备继续深造的同学（部分同学是否考研会首先考虑家庭经济状况），还要主动了解多数用人单位通常注重应聘者的哪些素养。从笔者参与人才甄选的实践来看，用人单位通常注重应聘者的如下素养：（1）专业扎实上手快；（2）善于沟通和表达；（3）真诚勤奋懂感恩；（4）团队个人同进步。其中，忠诚度、懂感恩，以及相对的稳定性，决定了一个人取得成就的深度。

入职之前，列出自己喜欢的职业，并持续关注相关职业发展动态。其间，想办法参与多种形式的一线实践，让自己在科技日新月异的当下迅速成长，以适应充满不确定性的国际、国内求职新环境。入职以后，法务应当对企业的组织架构与晋升通道进行了解，然后迅速融入企业，与企业一同成长。与此同时，结合企业及自身特点，做好短期、中期、长期的职业规划。

《论语》云："取乎其上，得乎其中；取乎其中，得乎其下；取乎其下，则无所得矣。"而期望理论是"美国管理学家弗鲁姆（V. H. Vroom, 1964）提出的研究需要与目标之间规律的一种理论。该理论认为人们有了某种需要就会引导人们用行动去实现目标，当目标还没有实现时，这种需要就变成一种期望，期望本身就是一种力量，它能调动人的积极性"。[1] 笔者认为，目标与期望存在某种微妙的关联。

法学与知识产权学院学生的职业展望同自身的学习积累密切相关，要通过不间断的观察、训练、思考，培养自己独特的判断力与思维方法，以使自己对未来的"丰满"憧憬更加接近就业时的"骨感"现实。

新人入职面试、团队协作需注意以下方面。

（一）面试通常应当留意的问题

（1）简历是敲门砖；（2）争取面谈机会；（3）开场两分钟是黄金机遇期；（4）注重商务礼仪；（5）谈吐大方得体；（6）笔试成绩良好；（7）未入亦是缘分。

（二）新人如何与团队协作

（1）集体观念，乐于奉献；（2）做好本职，乐于助人；（3）善于倾听，坦诚相待；（4）有求必应，及时反馈；（5）优势互补，扬长避短；（6）遇事不仅讲困难，更要讲解决方法；（7）人人有事做，事事有人管。

---

[1] 戴文龙：《现代企业管理流程体系》，广东经济出版社2003年版，第183页。

学习力培养贵在持之以恒

中国知名民商法实务平台高杉LEGAL认为："写作，是专业上获得成长的最好方式。"知识产权学者柯尼什教授告诫："任何严肃的学习知识产权法律的学生，都不能忽视经济学上支持和反对维持这些权利的论辩。"[1] 我们从中学时代开始，就要持续注重学习力的培养，这是现代人，包括法律人在信息爆炸时代不断进步的基本保障。

无论你的生物钟属于"百灵鸟型"还是"猫头鹰型"，对目标知识进行高效了解、思考领会、分析归纳都是基本功。明代学者胡居仁曾有一副自勉联："苟有恒，何必三更眠五更起；最无益，莫过一日曝十日寒。"毛泽东同志年轻时将此联改为"贵有恒，何必三更起五更眠；最无益，只怕一日曝十日寒。"以激励自己。[2]

《民法典》时代，《合同法》已不存在，《物权法》也不存在了，《婚姻法》也"销声匿迹"了。这里涉及法的"立、改、废"。不细心了解这些变化，随口而出"合同法"云云，尤其在庭审发言时还使用"旧法"，会贻笑大方。

早些年，一位有国外企业工作经历的朋友说笔者"modern"，我当时颇

---

[1] 裘安曼："柯尼什，一位温和而深刻的知识产权学者"，"艺术与法律"微信公众号，2023年7月10日。

[2] 明扬："读书对联趣谈（下）"，网址：http://www.tjjw.gov.cn/html/lishiwenhua/2017/02/21/34733.html，最后访问日期：2023年9月15日。

|十一| 法科生职业生涯规划

为吃惊。因为我属于比较迟钝的一类人，穿衣打扮也不入时，很难与"现代""新潮"一类的词语相联系。直到后来聊起此事才知道，她认为笔者一直保持对知识的渴望，重视学习力的培养，能够迅速获取并运用知识，然后做到学以致用。

时至今日，笔者平素仍会找另外一位在外企工作的朋友学习语言基础知识。有时候，他一堂课只教我学习一个外文单词的发音和运用，然后就带着我反复练习，直到我基本掌握这个外文单词的发音和用法为止。

笔者在中国人民大学法学院进修

知识管理与个案项目管理

由于人力资源、财务和法务岗直接影响企业人才培养、资金运用及稳健合规，相关岗位人员的知识储备与更新显得尤为重要。除了人力资源方面的培训，有些公司还会为参训人员安排NLP（情绪压力管理）方面的课程。

法务根据所在企业的行业特点、营商环境，从法规库、案例库、学理素材库做起，动态更新，日积月累。在有些场合需要从项目经理的角度进行管理，包括冲突管理。如何与人力资源、财务审计、采购、销售、客服、流程等部门开展良好协作也是需要不断学习的课题。例如，法务岗与市场岗配合，共同开发一家园区企业软件，法务应当提前做好行业案例、法规的检索工作，以备随时解答咨询；而市场人员则宜侧重准备行业商业数据的变化等方面的分析及介绍。

知识管理是一种能够使信息和知识获得增长、流动和增值的系统性的工作。而且知识管理不是单纯的文档管理，而是一种扩大生产力的解决办法，最终需要充分消化之后转化为自身成长的养分。对于文档的管理，可以遵循如下四个原则来建立自己的知识管理规则，即最简层原则、目录编码原则、统一命名原则，以及地域时间原则。[1]

法务的知识管理与个案项目管理应以方便实际运用为参照，注重体系

---

[1] 梦然："说起知识管理，为何律师总感觉做不好？"，"哲响"微信公众号，2023年7月17日。

化，实行动态管理。在这个过程中，如果一名法务能够做到重视调查研究，用好前文提及的"戴明环"，能够将优化管理的意识及时转化为切实行动，则管理效果立竿见影，甚至卓有成效。

实践中，项目管理者经常遇到项目组成员或者轮值工作人员告假的情形。告假本身无可厚非，作为管理者要引导告假的项目组成员或者轮值工作人员给出替代方案。比如，由于火车信号差无法及时完成某一个项目，可以寻求同组其他人员协助按时完成项目。总之，只提出困难是一件很糟糕的事情，项目管理者更希望听到解决方案。

某园区企业拟于2024年元旦前在高校举办三场人才招聘会，指定人力资源经理秦某负责此事。如果你是秦某，你将如何开展工作？笔者尝试给出如下参考做法：（1）组织部门同事召开一次专题工作会议，做好会议记录，重点制订出招聘会的《推进计划表》；（2）根据部门同事知识架构及阅历进行分工，主要包括与高校就业创业指导中心联络、预算及开支管理、面试复试及笔试、签署劳动合同；（3）可以选择一所高校，组织一次面谈拜访，实地了解该校年度的人才使用计划及注意事项；（4）根据实地调研情况，适当运用"戴明环"完善《推进计划表》；（5）将修改后的《推进计划表》同步给单位财务部门、业务部门，抄送总经办；（6）着手策划现场招聘会细节，目标在于按计划甄选出单位需要的人才。其间，如果部门同事在关键时刻告假，须提出替代的解决方案。因为项目管理者关注的不是员工告假本身，而是告假之后的替代处理方案。

法务与执业律师的异同点

企业法务与执业律师（本篇出现的"执业律师"，是指我国《律师法》中的专职执业律师，不包括兼职律师、公司律师、军队律师、公职律师等群体律师）均承担着文书草拟、建章立制、合规监督、促进企业稳健发展，乃至促进社会公平正义的重任，在诸多方面存在着共通点。不少企业法务、执业律师在身份上还有阶段性交织，包括律师转做法务，法务在取得法律职业资格之后到律师事务所实习、工作。例如，笔者在取得法律职业资格之前，曾经考取了企业法律顾问执业资格证书。

笔者认为，两种职业除了前述提及的相同点，还存在以下几个方面的差异：（1）法务的主要工作对象是所在的部门、企业，而执业律师的服务群体十分广泛。因此，法务更注重单个企业的合规及发展，注重成本控制；律师则努力做到"受人之托，忠人之事"。（2）在法律文书草拟方面，比如对于合同的起草、审查，两个群体关注的侧重点存在差异，律师更注重理性设计权利义务、争议解决方案、用语的严谨性；法务则更注重己方的权利义务设定、支付或者回款的时限、解决争议的地域成本和时间成本。（3）在诉讼庭审着装方面，出庭律师须着律师袍、佩戴徽章，发型、鞋袜须符合基本的商务礼仪；法庭对出庭法务的着装则没有严格限制，大方、得体即可，技术岗人员着工服出庭也比较常见。仲裁庭对代理律师的着装，没有关于律师袍的硬性要求。（4）法务更愿意同沟通顺畅、注重服务安全性，以及能够运用综合方案高效解决公司实际问题的外部律师建立合作关系；执业律师则愿意同有一定法律基础、适当了解律师事务所工作模式、所在公司具有一定产业代表性的法务建立合作关系。（5）在沟通方式的选择方面，多数中国企业的法务对工作群组的沟通方式无固定要求，以高效快捷地解决问题为考量基础。日本等外国企业的法务更倾向于要求聘请律师通过电子邮件汇总工作信息。（6）在保密性要求方面，大部分企业法务并不交代律师注意保密性。一些龙头企业或者科技企业、特色食品企业的法务对律师所接触到的项目、所代理案件的保密性有突出要求，包括不得进行任何形式的宣传。（7）在尽职调查场合，律师与法务的分工不同。实践中，可以以单次完成的目标或者阶段性目标来进行分工，协作推进尽职调查事宜。（8）法务对财务、人力资源等企业内部各工作板块的协作更为熟练；执业律师往往只需要同法务、直接对口的业务部门或管理层接触，在计算机软件项目中，律师还可能与技术人员接触，通常并不直接接触企业的人力资源、财务等岗位的人员。

文科生知产律所就业观察

到哪里就业、到岗后工作内容是否适合自己，是知识产权法科学生关心、规划、跟进的重点话题之一。本篇主要回应文科生是否适合在律师事务所从事知识产权工作。

人们比较熟悉的知识产权法律工作涉及的平台包括：（1）市场监督管理局（知识产权局）、文广旅体局（版权局）及相关机构；（2）知识产权类商协会（含国际类商协会）、知识产权保护中心；（3）公安机关经侦部门、检察机关审查起诉部门、知识产权法院或者知识产权法庭；（4）公证处证据保全部门、仲裁委员会（仲裁中心）互联网与知识产权部门（或者知识产权仲裁院）、律师事务所知识产权部门或者专业的知识产权律师事务所；（5）法律类出版机构科技与知识产权岗位；（6）高校科研机构法务与知识产权学院；（7）公司、企业知识产权与法务部门。相比之下，版权代理没有严格的门槛要求，从事专利代理工作，尤其是撰写专利及出庭参与口审、诉讼等工作，对代理人有资格要求。

既有律师执业资格又有专利代理师资格的人才，在律师行业被称为"双证律师"。专利撰写通常由专利代理师完成，而出庭参与诉讼是执业律师的主业之一，真正能够既做代理人出庭参加知识产权诉讼，同时又撰写专利的人才凤毛麟角。

文科生担忧的关键在于目前的专利代理师资格获取体系没有为文科生保留赛道，可能会严重影响未来知识产权法律工作的铺开及提升。实践中，不少律师事务所与代理机构有紧密的合作关系，部分撰写工作可以根据委托客户的特点及需求，同相应的代理机构协作推进。也就是说，文科生在律师事务所从事知识产权法律工作基本没有障碍，尤其在有专利、商标、版权、竞争垄断等细分板块的知识产权律师事务所工作。这类律师事务所通常实行一体化管理、一站式服务，在流程、质控、品宣、律师代理、人力资源、后勤保障等部门间往往创设有良好的协作机制。

通过以上分析可知，文科生到有一定案例与管理积淀的知识产权律师事务所就业，保持积极向上的学习工作态度，选定细分组别后与其他组别同事保持良好协作，不但不会影响就业前景，还会有助于在知识产权领域的深耕以及综合发展。

参加版权知识演讲的诀窍

论文答辩、受托发言、主持庭审、调解案件……无论是大学生还是已经工作的法律人，演讲都是重要的工作能力之一。近年来，由广东省版权局主办、广东省版权保护联合会等机构联合承办的大学生版权知识演讲比赛，在普及著作权法、促进大学生演讲能力提升方面起到积极作用。

笔者在担任首届广东省大学生版权知识演讲大赛评委期间，全程观摩了来自省内高校的不同团队展示，根据所有参赛同学的现场表现，记录并梳理出正、反两个方向的演讲诀窍，供读者参考。

从正向来说，出色的演讲及演讲者特质包括：（1）着装得体，落落大方；（2）富有张力，笑容可掬；（3）肢体语言，恰到好处；（4）言之有物，内容有别；（5）开场收尾，连贯自然；（6）融入学理，运用案例；（7）引经据典，数据说话；（8）地方特色，国际视野。

从反向来说，或者从平淡的演讲来看，演讲者与演讲的特质包括：（1）同质话题，毫无新意；（2）案例归纳，失之交臂；（3）不做调查，凭空臆想；（4）背诵痕迹，一览无余；（5）机械空洞，精神不佳；（6）鹦鹉学舌，定性随意；（7）意外突发，临场乱阵；（8）敏感话题，不加回避。

当然，大学生参加版权知识演讲大赛既离不开蓬勃发展的版权事业，也离不开所在学校的全力支持，更离不开热情洋溢的带队老师。

版权专业人才修炼"三基石"

版权专业人才修炼离不开"三基石":认识职业(对时代的认知)、选准专业(兴趣与志气)、定明方向(贪多必失,深耕一域)。本书所指的复合型法律人,包括从事知识产权法(版权法)、航空航天、海事海商等专业领域工作的律师。下面以知识产权专业律师修炼为视角做简要介绍。

(一)认识职业,选准专业

社会及当事人对法律事务的需求日臻精准,传统的"大而全"的律师事务所已无法满足这一需求,"小而精"的律师机构应运而生。近年来,律师业务细分程度发展惊人。以知识产权业务为例,通常可以分为四大部分:商标、专利、版权、竞争。若再进一步细分,仅诉讼领域的知识产权与竞争纠纷常见案由就达上百个,包括网络域名合同纠纷、侵害商业秘密纠纷、滥用市场支配地位纠纷以及因恶意提起知识产权诉讼损害责任纠纷等。在版权领域,文创设计、作品登记、项目申报、维权代理、仲裁诉讼、评估鉴定、贸易出海……每一项都大有可为。社会变化日新月异,结合自身情况认识职业,选准专业,集中精力提升专业技能,无疑是迈向专业律师的第一步。

(二)选准专业,定明方向

当前,法律服务的趋势是专业化,大量的房产、金融、证券、知识产权、兼并重组等新兴法律服务领域已经出现。专业化成为律师的立身之本。如前所述，知识产权业务可以分为版权、商标、专利、竞争，即使选定了知识产权专业，依然面临着专业方向的选择。对专业方向的选择要有所侧重，是成为一名以商标、专利业务见长的律师，还是成为一名以版权业务见长的律师，抑或成为一名以竞争业务见长的律师？需要根据自己的特长、优势或者喜好，选择一个法律服务领域，积累丰富的办案技巧，做精、做专。就笔者所知，在北京、上海、广州、深圳、杭州、佛山、银川、青岛、石家庄……有多位同仁在数以万计的律师中凭专业化脱颖而出。在选准知识产权专业，并定明知识产权诉讼专业方向后，他们虽遇挫折艰难而志不移，最终在所在领域做出卓越成绩，获得了同行与客户的认可，成为知识产权界专业律师的佼佼者。

（三）定明方向，德才兼修

既然选择上路，何惧风雨兼程？定准方向，就要风雨无惧、百折不挠，就要孜孜不倦、持之以恒，就要刻苦钻研、德才兼修。

1.持续钻研学习

"工欲善其事，必先利其器。"作为专业律师，一定要熟悉某一行业状况和实践操作，一定要进行专业化的学习和培训。在结合自己的专业爱好、专业特长以及市场竞争等情况确定某一专业后，就要开始有计划、有目的地学习与自己所选方向有关的专业知识。从来没有"相同的案情"，案例是鲜活的法律。专业律师在系统研习法律知识的基础上要突出重点，关注专业立"法"动态，主动参与专业沙龙，及时研读法院专辑裁判案例，力求将所学理论知识恰当地运用到专业实践中。

2.培养管理能力

专业领域的事务，往往需要团队协同作战，因此入行之初就要开始培养自己的管理能力。其中，计划、组织、协调、控制、领导、激励等几项管理职能要学以致用。在培养管理能力的同时，还要重视自己的人脉积累与拓展，"只要我的人脉还在，白手起家并不难"，分众传媒CEO江南春倾情代言脉脉时这样说。

3.敏锐处理冲突

人们在面对冲突时，往往容易急躁，这是专业律师需要克服的。同时，现代人力资源管理并不认为冲突一概是坏事，发生冲突时，作出一定程度的妥协或让步，可以促成己方和对方当事人双赢。在部分企业培训场合，讲师会将冲突区分为良性冲突和其他类型的冲突。

4.重视职业操守

执业技能只能成就会办案的律师，执业技能和职业操守相结合，方可成就卓越的专业律师。恪守职业操守，如勤勉尽责并以其反例（如广东某刑事律师在会见过程中为犯罪嫌疑人夹带食物、协助犯罪嫌疑人传递纸条被处罚）警醒自己，可以使专业律师在时代大潮中经得起风浪，能够约束自己，始终保持理性、深刻、敏锐、严谨的头脑。

5.谨记诚信为本

"诚信"的内涵包罗万象。民商法视角的诚信，大体上对社会讼争起着"诚实、善意、信用、平衡、和谐"的指引作用。江平老师在《四面八方说诚信》一文中提到"四面"，所谓"四面"是指信用的四种性质，即信用是一种资格，是一种财富，是一种权利，是一种信息。专业律师的诚信，是其政治素质、专业能力、名誉人品、职业纪律、文化素养的综合体现。

近年来，律师行业的评优评专，犹如雨后春笋，蓬勃发展又参差不齐。有的年轻律师没做过几个案子，就在网络上自称"资深"，或者靠赞助获得"大律师"称号。案子来了，对于没有金刚钻而揽下的瓷器活，做起来十分吃力，顾此失彼，不免贻笑大方。因此，笔者认为，专业人才修炼"三基石"不能丢。诚实才能赢得信任，赢得客户；勤奋方可不断学习，厚积薄发。

推荐阅读观看的图书电影

笔者参加过局机关、媒体举办的荐书活动,平素也喜欢看电影。现推荐部分图书、影片,供读者朋友挑选阅读或者观看。推荐的图书、影片排序无严格章法,也不一定是新版图书或者新近公映的影片,读者朋友各取所需。

(一)国际类书目

(1)《保护文学和艺术作品伯尔尼公约指南》(以下简称《国际公约指南》),刘波林译。该书由中国人民大学出版社于2002年出版。我国于20世纪70年代末开始参与知识产权国际贸易,并从20世纪80年代起相继参加了《保护工业产权巴黎公约》等一系列知识产权的重要国际公约以及世界贸易组织。《国际公约指南》基本上是管理相关国际公约的国际组织唯一认可的解说,对读者完整、准确地理解国际公约具有权威的比对研习价值。

(2)世界知识产权组织编,《著作权与邻接权法律术语汇编》,刘波林译。该书由北京大学出版社于2007年出版,共收入265个以其典型含义在国内或国际立法文件、著作权或邻接权转让或许可合同、论文或一般言谈中出现的法律术语或词句。每个术语均附带对其含义作出的简短解释。

(3)《十二国著作权法》,《十二国著作权法》翻译组译。该书由清华大学出版社于2011年出版,选取世界范围内具有代表性的12个国家(美国、英国、法国、德国、意大利、俄罗斯、日本、韩国、印度、巴西、南非、埃及),将这些国家在21世纪颁布与修订的著作权法进行精准的翻译,是知识产权领域必备的经典工具书。

（4）《美国著作权法》，杜颖、张启晨译。该书由知识产权出版社于2013年出版，内容涉及著作权标记、交存物品和登记、著作权侵权和救济、进口和出口、版税裁判官程序、数字音频录音设备和介质等，是读者了解美国著作权法的参考素材。

（二）国内书目

（1）郑成思的《版权法》。该书由中国人民大学出版社于2009年出版。郑成思教授是潜心研究版权法的前辈之一，他的书内容精细，属于必读范畴。

（2）王迁的《著作权法》。该书由中国人民大学出版社于2015年出版。王迁教授为人谦逊，著述信息量大，素有版权男神之称。

（3）安守廉的《窃书为雅罪——中华文化中的知识产权法》，李琛译。该书由法律出版社于2010年出版。李琛教授治学严谨，从缅怀恩师刘春田教授的文章中可以感受到其刚柔并济、有情有义。该书认为，我们应当超越书面规则本身，考虑更为广阔的社会与思想背景，尤其是孕育法律并充当法律运作基础的政治文化。

（4）曲三强的《窃书就是偷——论中国传统文化与知识产权》。该书由知识产权出版社于2006年出版。从内容来看，对比上一本书，其趣味性更胜一筹。该书是曲三强教授积多年之心得，在充分掌握资料的基础上，从不同的角度对中国知识产权的形成、发展和现状进行了深刻的理论分析和研究，为我们打开了一片新的理论视野。

此外，李明山、张伟君、陈健等学者的著述或者文章，或对历史的考究细致，或对专题的研究深入，或对异域的著述研究独到，令人拍案叫绝，也一并推荐阅读。

（三）推荐的国外影片

（1）《费城故事》（1993年）；（2）《杀死一只知更鸟》（1962年）；

（3）《十二怒汉》（1957年）；（4）《奥本海默》（2023年）。以上几部影片，或涉及庭审程序，或涉及对公平正义的审视，值得反复观看。

（四）推荐的中国影片

（1）《百鸟朝凤》（2013年）；（2）《新喜剧之王》（2019年）；（3）《中国机长》（2019年）；（4）《毒舌律师》（2023年）。以上几部影片，或传递执着信念，或展现对抗制庭审，或呈现协作管理典范，值得多次观赏。

中国目前还没有令人印象深刻的法律电影。此外，《秋菊打官司》（1992年）、《马背上的法庭》（2006年）、《东京审判》（2006年）因直接涉及诉讼、调解活动，以及对正义的据理力争等题材，也推荐观看。

篇章趣事

铺线与救火

有人打过一个比方，法务的工作好比是施工人员铺设线路，出庭律师的工作则像是消防员去救火。可以预见，铺设线路的质量与建筑物遭遇火灾时救火的效果紧密相关。

十二

法律文化饱含烟火气

我们寻求的不是纯粹的知识,而是智慧,故生存论的思想主题比一切匀称的体系和抽象的哲学命题更具有无尽的用途。(拉德布鲁赫,1945年)[1]

---

[1] [德]古斯塔夫·拉德布鲁赫:《法律智慧警句集》,舒国滢译,中国法制出版社2016年版,第139页。

关于作品、作者以及读者

曾国藩与李鸿章、左宗棠、张之洞并称"晚清中兴四大名臣",著有《曾文正公家书》,一直以来颇受推崇。《靠谱》一书的作者侯小强先生在2023年下半年就有相当密集的关于曾文正公的信息梳理发布。

曾国藩论及作品,"凡大家名家之作,必有一种面貌,一种神态,与他人迥不相同。譬之书家,羲、献、欧、虞、诸、李、颜、柳,一点一画,其画貌既截然不同,其神气亦全无似处。"[1]

笔者认为,作者与读者存在某种奇妙的联系,这种联系可以体现在随着读者对作品阅读的深入,两者之间的情感逐步加深,以致产生共鸣。林语堂先生在《读书的艺术》一文中谈道:"我以为一个人能发现他所爱好的作家,实在是他的智力进展里边一件最重要的事情。世上原有所谓性情相近这件事,所以一个人必须从古今中外的作家去找寻和自己的性情相近的人。一个人惟有藉着这个方法,才能从读书之中获得益处。他必须不受拘束地去找寻自己的先生。一个人所喜爱的作家是谁?这句问话,没有人能回答,即在本人也未必能答出来。这好似一见钟情,一个读者不能由旁人指点着去爱好这个或那个作家。但他一旦遇到他所爱好的作家时,他的天性必会立刻使他知道的。"[2]季羡林先生在《生命的价值》一文中提及,"只写真话,并不一定都是好文章,

---

[1] "曾国藩文集",网址:https://gj.zdic.net/archive.php?aid-19744.html,最后访问日期:2023年10月19日。

[2] 林语堂:"读书的艺术","邯郸市图书馆"微信公众号,2022年4月11日。

好文章应有淳美的文采和深邃的思想。真情实感只有融入艺术性中，才能成为好文章，才能产生感人的力量。我所欣赏的文章风格是：淳朴恬澹，本色天然，外表平易，秀色内涵，有节奏性，有韵律感的文章。我不喜欢浮滑率意，平板呆滞的文章。"[1]

长篇小说《沿途》的作者陆天明先生在与王雪瑛的一次对话中提及："说到文学创作中的变与不变，创新和坚守，我实事求是地说，只想找到适合我陆天明走的文学之路，从自己心中涌出的文字才能构筑起真正的文学殿堂。"[2] 此处，陆天明老师强调了用"心"。著名导演郭宝昌耗尽毕生心血创作长篇小说《大宅门》，也是用"心"创作的例证。河南民间有句俗话："碓头砸磨扇——石打石（实打实）。"笔者长期从事法律及版权法务工作，在职攻读了民商法知识产权方向硕士研究生，自修完成了知识产权法学博士课程，工作之余担任图书馆公益阅读领读者和志愿者，多次参与官方或民间的版权类书籍推荐活动。笔者相信，按照自己的构思，把在时代背景下积累多年的素材及观察用心写出来，这样的作品，或多或少会引起读者共鸣吧！

---

[1] 季羡林："生命的价值"，"河南大学文创中心"微信公众号，2018年7月9日。
[2] "让读者在作品中听到中国在歌唱"，网址：https://wenyi.gmw.cn/2023-08/08/content_36752216.htm，最后访问日期：2023年10月21日。

关于律师、商人与读书人

（一）律师

说起律师，在中国，自春秋时期的邓析开始，人们对"讼师""律师"的评价从来就没有停止过，褒贬不一。直到《律师法》颁布，实际上也没有给"律师"下一个比较严谨、周延、反映律师工作特色的定义。

在一个法治培训班上，来自广东省广州市法律援助处的白仲清同志提及亚当·斯密对律师的评价，令我印象深刻："我们把自己的健康托付给医生，把自己的财富，并且有时还把自己的名誉和生命，托付给律师，这两类人，是应该特别受尊重的。"[1] 实际上，律师在西方的语境中也常常作为被调侃的对象，比如莎士比亚在其作品中的描述："The first thing we do, let's kill all the lawyers."

在中国，人们经常拿北京、上海、广州三地的人和事作比对来讲道理。比如，易中天教授在授课时提到，有人说，北京人看所有的人都是地方上的，上海人看所有的人都是乡下人，广东人看所有的人都是北方人。说到律师职业在以上三地的比对，有这样一种说法，北京人把律师当作一项"事业"，上海人把律师当作一种"技能"，广东人把律师当作一门"生意"。这种看似滑稽甚至撕裂的观点，在一定程度上揭示了人们对律师群体的阶段性认知。

---

[1] 新京报："陈竺：要从人格和收入上尊重医生"，网址：https://bynews.bjmu.edu.cn/zhxw/2009/84752.htm，最后访问日期：2023年9月13日。

（二）商人

提及商人，不少人会想到《威尼斯商人》，夏洛克就是狡猾的代名词。实际上，"商人"在互联网时代已经成为太多人的身份，其中有不少商人具有社会担当。

古斯塔夫·拉德布鲁赫认为，"文艺复兴、宗教改革、罗马法继受（译者注为'3R运动'）使单个的人脱离了礼俗社会。它们使人脱离社会，不再把义务，而是把引诱单个人的利益作为法（权利）的出发点。这样一种法律上的人的新类型是按照商人的形象来塑造的，它是一种完全的逐利的、精于算计的形象（所谓'有交易，则没有和气'）。商人的需求是罗马法继受的最本质的动因，因此法律的转型也是以这种新的人的形象类型为基础的，我们可能稍微夸张点说：自此，法律把所有的人都当作商人看待，甚至把劳工视为'苦力'这种商品的出卖者。"[1]

（三）读书人

再来说说读书人。在苏州，据说有一间文学山房旧书店，店龄超过一百年，其现任主理人江澄波先生也已年近百岁。我还没有去过，已托本地的同仁去探店。江澄波先生对书店感情很深，他说："书是我营生所靠，也是我终生所好。我觉得自己就像一条载书、送书的书船，我离不开书，就像船离不开水。直到现在，一天不摸旧书，我心里就不踏实。"被问及有什么愿望时，他说："为读者找书，为书找读者。"被问及干到什么时候，他说："到生命最后一刻。"

江澄波先生把书店比作城市的眉毛，他认为眉毛虽然不起作用，但是面孔上没有眉毛就不好看了。所讲朴实无华，但令人肃然起敬！于是，我对《书船长载江南月：文学山房江澄波口述史》这本书充满了好奇。

---

[1] [德]古斯塔夫·拉德布鲁赫：《法律智慧警句集》，舒国滢译，中国法制出版社2016年版，第170-171页。

由此，笔者联想到律师的"一往情深"，或者叫执着。律师事务所在某种程度上有业绩的考量，此时，律师在一定程度上具有商人的属性。实际上，律师群体也有不少"读书人"，此类人群在软实力提升方面的贡献通常要比其在市场业绩方面的贡献大。

不同国家，不同法域，不同的经济文化发展阶段，律师、商人、读书人，三者存在的关联度是不一样的，融合也有，分裂也有，但更多的是交融。

| 十二 | 法律文化饱含烟火气

律师解答咨询那些事儿

求医问药与咨询律师有诸多异同点，而咨询律师与问诊抓药都是需要付费的。只是，付费咨询在中国还没有形成普遍的认知，尤其在一些法治思维包括诉讼、仲裁解决争议难以抵达或者普及的区域。律师要经常面对这种尴尬的场景。

大部分中国咨询者在正式获取律师解答之前，会按照律师指引梳理事情的来龙去脉，并准备妥当必要的材料。一些顾问单位的管理者，常年与经办律师保持顺畅沟通。有极个别的咨询者，试图向律师强行输出自己的维权思路，在连案情、材料都不愿意配合提供的情况下自以为是，尤其令人反感！

一位加拿大友人，在广东开办英语口语培训班。有一次，他遇到棘手的法律问题，于是来到律师事务所寻求帮助。前台引导落座后，这位朋友主动表示："我今天咨询的是教育合同方面的法律问题，咱们来明确一下咨询的收费标准吧。"我笑着说："你的问题相对简单，本次友情解答就行，后续如进入诉讼程序双方再办理委托代理手续。"他对于律师解答咨询不收费感到诧异。

律师接到咨询求助时，不妨先让咨询者陈述事实，摆出初步证据材料，明确咨询者需要律师解答或者解决的问题是什么，必要时安排面谈。在咨询的过程中，咨询者往往更关注案件的胜诉结果以及需要支付的费用标准。律师不能拍胸脯包赢，费用收取则依据当地指导价格协商安排。

解答咨询看起来毫不费力，实际上要费大力气。正如那句话："台上一分钟，台下十年功。"如何处理解答与付费，也是一门学问。

代理人最难处理的关系

"对于临床医生而言,最难的部分永远不是技术。"[1]

那么,对于执业律师而言,在接受当事人委托担任民事、行政案件代理人或者担任刑事案件辩护人时,最难处理的关系是什么呢?

在一次执业律师岗前培训班上,某地中级人民法院一位法官讲师对全班学员说,"欢迎各位律师多交流",然后用粤语补充了一句:只要不是"搞搞震(无帮衬)"。审判者并不排斥代理人正常的工作联系,但禁止代理人违规与法官进行联系。从这个案例可以看出,与法官的关系或许不是代理人最难处理的关系。

笔者在去外地办理一宗重大、复杂的知识产权刑事案件之前,特地请教了本地一位资深刑辩律师。这位律师平素谦逊低调,在笔者执业初期给予了无私的提携,是笔者十分敬佩的前辈之一。当被问及辩护人(代理人)最难处理的关系是什么时,前辈直言不讳:"要说最难处理的关系,并非与公检法的关系,具体是什么,你回去想一想。"从后续事情的发展来看,印证了前辈的点拨是准确的。这是长期从事刑事辩护工作的经验之谈。

法律圈有不少调侃的段子,话糙理不糙。其中一个涉及"当事人"的段子,个别"当事人"当面是"人"背后未必是"人"。笔者认为,在实际的案件代理与辩护过程中,绝大部分的当事人(包括当事人的近亲属)都能够与律

---

[1] 陈旭岩:"最难的永远不是技术",载《光明日报》2014年8月6日第1版。

十二 法律文化饱含烟火气

师事务所、代理律师(辩护律师)保持顺畅沟通,至少不干预、不阻挠已聘请的代理人正常办案。但确实也有极个别现象,有的咨询者"一瓶子不满,半瓶子咣当",比如,某当事人想请律师代理机动车交通事故责任纠纷案,腋下夹着一本关于道路交通事故索赔指南的书就来了,还要律师包赢。要知道,一条专业解答可能需要律师十年的工作积累,并且按照行业规范,律师是不允许做胜诉承诺的。此时,对于代理人的情绪管理是个挑战。

律师在出具法律意见之前,必须要看到材料,而且要看到"原件""原本""录音介质"等,这是开展代理、辩护工作的一个最基本的要求。否则,到了法庭来自法官的问话、对方的发问"让你找不着北,你可别怪《山海经》"。比如,当事人说软件开发合同是在海珠区签署的,实际上是在珠海市签署的。再如,当事人说拿到的是劳动仲裁委员会作出的《裁决书》(允许有司法救济),实际上拿到的是商事仲裁机构作出的《裁决书》(一裁终局)。这差别可就大了。

亲历打官司不做睡眠者

2015年10月，笔者起诉某知名网站运营商著作权侵权纠纷一案，在某地法院公开开庭审理。

事情的起因是：面对当年沸沸扬扬的新媒体"拿来主义"现象，《新京报》向笔者约稿，笔者遂创作了时事评论《新媒体"拿来主义"的界限何在》，该文约1080字。文章于2014年6月6日首发于新京报网站后，"瞬间"被包括被告在内的多家网站转发超过15万次。被告未经笔者许可擅自改动该文并登载于其网站多个频道。面对这个滑稽的现象，笔者决定向"拿来主义"说不，随后便委托律师启动民事诉讼。

法谚曰："法律不保护权利上的睡眠者。"笔者希望借此次维权让新媒体意识到，并非所有的著作权人在权利受到损害后都会保持沉默。笔者常年为创作者或其他类型的权利人维权，不承想自己也做了一回原告。案件进展顺利，法院判令被告停止侵权并向笔者赔偿损失，约合一个字2.8元。这个赔偿数额比聘请律师和保全公证所需支出的费用还要低。

案件生效后，中国文字著作权协会总干事张洪波发表了自己的看法：判决导引对传统媒体发表的作品，新媒体不能随便拿来；作者面对网络转载，不能因为文章短小而放弃"较真儿"的权利；网络转载属于授权许可，转载稿酬标准应当由作者和媒体双方协商。他特别强调，虽然网络媒体和传统媒体的内容合作是趋势，但大量传统媒体的作者并非该媒体的员工，也未将自己作品的信息网络传播权转让给相关媒体，因此传统媒体向网络媒体的"一揽子授权",容易对作者权利造成侵害。

  笔者在平素的咨询接待中,经常遇到当事人对启动诉讼拿不定主意的情况。拿不定主意主要是考虑维权成本较高,维权成本不仅包括资金投入,还包括要投入许多时间和精力,加之执业律师不可以做胜诉承诺,多数咨询者对裁判结果并没有确定的预期。

《中国新闻出版广电报》对笔者维权进行报道

读一辈子书认不全汉字

"当一辈子学生认不完的字,做一辈子农民认不完的粮食籽。"这是父亲用来教导我的话。这句话督促我在参加工作后仍坚持学习,保持谦让的品行和独立思考的习惯,客观上也对我深耕版权领域有内在影响。

(一)豁达隐忍,用心去爱

小时候,我在院子里疯玩,撞翻了蹲在地上吃饭的祖父盛满汤的大碗,他见我没烫着,笑着看我继续玩耍,没有批评,没有张扬,而是冲着我善意微笑。

求学时,父亲为了给我省出一点买书款,毅然决定戒烟,并说到做到。家里孩子多,父亲常年密集劳作,导致膝关节严重受损,甚至行走超过200米膝盖都很疼。孩子们商量了一下,决定给他做关节置换手术。经过3个多小时的手术,当医护人员将父亲推出手术室时,我看到了他脸上的笑容。

祖父和父亲的豁达、隐忍对我影响很大。我的父母极少给自己的父母、孩子们脸色,我也是这么对待父母、孩子们的。对于像孩子打碎了花瓶、撕碎了书本这类事,我一直倡导不宜在当时就予以惩罚,宜区分情况,事后引导。

(二)与文工团,擦肩而过

我从小喜欢唱歌,这或许注定了以后的工作与文艺(版权法的学问与文学、艺术、科学密不可分)有关。上学时,每逢元旦我都要登台表演节目,在课余也是出了名的小歌手。有一年,市里文工团到我们学校招生。经过几轮选拔,小学部我被选中，初中部有一位学长被选中。可惜，第二天赶上鹅毛大雪，交通十分不便。并且负责招生的老师之前说过，娃们"一天蹦坏一双鞋"，加之我家离市里也远，有70来公里，或许是父母不舍得，最后我与这次机会擦肩而过。有趣的是，我现在从事的版权法律工作，仍然与音乐、唱歌密不可分。除了要与音乐人、音乐家打交道，还得学会分辨小节、雷同、采样、编曲、主音、偏音，以及感染力……以更好地开展赛事评定、侵权认定等工作。如今我在国内有较大影响力的省级流行音乐协会担任监事，平时也会处理一些与音乐有关的案件或者项目。一首歌一个故事。工作之余，听歌、唱歌（戏）便成了一种乐趣。

（三）言传身教，学无止境

"言传身教"在《后汉书》中有记载。家里孩子多，养家糊口便是头等大事。听村里人说，我的祖父特别能干，他种的棉花像小树那么大。受祖父、祖母勤劳节俭的影响，父母几乎没有睡过天明觉，吃的用的也都是省着来。大哥的裤子二哥穿，二哥穿过给老三。一把大黄油布伞能用几十年。父亲不善言辞、做事踏实，母亲"个性强、干活不惜力"（父亲评语）。我在外读书时，同学送的一件灰色秋衣，穿旧了舍不得丢掉，夏天剪了，秋天接上，接了又剪、剪了又接，如此剪接好几回。裁缝店的老板都打趣我道："谁送你的这么娇贵，可真够省的。"平日里，无论菜农、保洁、安保、擦鞋匠，我都可以和他（她）们处得很融洽。中学门口的一家水煎包档档主（印象中是一位回民阿姨），连我在外上学多年再回去，都记得我。

父母的教诲，不少句段朗朗上口。有几句我记得尤其清楚："门前有马不为富，家有读书不为贫""一把圪针挦不到头儿""当一辈子学生认不完的字，做一辈子农民认不完的粮食籽"。

2023年暑假，我带女儿回了一趟老家，看着日渐消瘦的父母，心头不免一阵酸楚！岁月不饶人啊！最触动人心的情感，我想还是来自父母，渐行渐远的父母，让你时而开怀大笑时而暗自落泪的父母，让你时而仰望星空时而陷入沉思的父母，由干练坚强到行动迟缓的父母，由嘘寒问暖到一言不发的父母……

人生五种现象与东山堂

认识世界，探索真理，是一门大学问。杨振宁先生认为这世上存在一个造物主，但不一定是人形，这涉及宗教问题。笔者对宗教没有特别的研究，但是不排斥对宗教与文化有交叠的内容进行发掘和研习。

关于人生五种现象。在一次非法律沙龙上，伙伴们讨论人生的五种"现象"，即因果、业报、习性、意识、命运。"业报"系佛教语，晋·慧远《三报论》谈到"经说业有三报。一曰现报，二曰生报，三曰后报"。笔者对佛法了解不深，粗浅地认为"因果"和"业报"有交叠，于是便在黑板上对应写下"积善之家，必有余庆；积不善之家，必有余殃"，以及电视剧《北京人在纽约》的一首插曲名《报应》。然后，在"习性""意识""命运"三个"现象"后对应写下"人之初，性本善""行动""宿命，抑或改变命运"等字样。一个人生下来，性情是善的，只是随着年龄增长，习性可能会被周围的事物影响而发生改变。而意识往往指挥行动，合适的行动，则会改变一个人的境况、命运。

讨论的过程中，有伙伴从象形字的角度讲了对"天""道"的认识，人与天联结、悟道须先学走路。也有伙伴提出四个维度的平衡——健康、事业、环保、文明。在被问及推出本书的缘由时，我尝试用伙伴们前面提到的知识点作答，于是把"意识""事业""文明"三个词像珠子一样串了起来：（1）做了超过20年的法律工作，在法律尤其是版权法方面积累了一些经验，我想把这些经验分享给求知若渴的年轻人，这是意识层面；（2）版权法与文学、艺术、科学领域的智慧成果密切相关，人人都要创作、人人都要传播、人人都要体验，这与文明有内在的关联；（3）梳理、总结、宣传案例与实战经验，更好地服务委托人、服务社会，这恰恰是法律人工作的重要组成部分，这是事业。

东山堂，原名叫东山浸信会堂，位于广州市越秀区（原东山区）寺贝通津9号，据传是宣统元年（1909年）由美国波士顿浸信会传教士创建。教堂采用哥特式的建筑风格，是广州市文物保护单位，一到周末做礼拜的信徒便络绎不绝。很偶然的一次机会，我陪同朋友到东山堂学习，看到一种十分默契的现象：在教会进行讲述、歌唱期间，有工作人员手持布袋走过现场每一位信徒身边，每一位信徒都会往袋子里放些钱，无论多寡。后来了解到那个布袋似叫"奉献袋"。信徒们虔诚的脸庞，令笔者想到人们对法治的信仰。

时光何以改变千年习俗

每个人都与所处的时代紧密相关,而艺术来源于生活,同时高于生活。

在中原地区乡下,不同的乡镇,在农历每月逢二、五、八或者三、六、九等一些固定的日期会有更会,更会所在的街道、巷口车水马龙,人声鼎沸,商品、农产品琳琅满目,挑物件的人和摆摊儿的人爽朗地砍着价,都忙得不亦乐乎。逢年过节搭台唱戏是寻常事,偶尔也会碰到音质独特的河南坠子表演。婚丧嫁娶,日出而作……习俗流传超千年。

清明时节,中华大地有诸多习俗,如植树、扫墓、放风筝等,缅怀与续展开新依然是主要的活动之一。唐代孟浩然记有"帝里重清明,人心自愁思",宋代万俟咏记有"见梨花初带夜月,海棠半含朝雨"。

郑州——这座国际交通枢纽城市,继2020年夏季遭遇特大暴雨后,2021年年初又赶上严重的新冠肺炎疫情(以下简称疫情)。"涝疫结合",给在郑州居住的亲友工作、生活、学习带来了巨大挑战。

笔者祖辈居住的乡下,距离郑州大约135公里,民风淳朴。村子西南角有古树群(柏树,纪念园),树龄在100年以上,是方圆数百里同姓子孙寻根问祖之地。短短一年里,同族上辈有三位亲人相继离世。大伯父离世时,正赶上疫情防控严峻时期。当时离郑政策十分严格,在郑州居住的堂哥也没能回乡下送大伯父最后一程。大伯父为乡亲们主持过很多事务(乡下称"管事儿的"),对维系尊师重教等习俗做出了一定贡献。堂哥一辈子投身教育,为人正直严厉,培养了一批又一批新时代的栋梁(我小时候还翻过他家的大部头文学发展史料）。听家里人讲，大伯父的丧事操办得非常简单，连亲戚也只通知了一部分。这与大伯父"管事儿的"身份显得不符。唢呐也不知道有没有。我没能回去参加。

疫情三年，关于文学艺术创作等讨论，散见于中外，感叹于时光。一些相关题材的文学、影视类作品，不知道会不会随着时光的流逝逐步呈现。时光，何以改变千年习俗？

关于茶肆、饺子馆与早餐铺

茶肆（文中与茶楼、茶馆，不做严格区分）与清净有关，品茶是一种心境。而饺子馆和早餐铺则有动有静，涵盖百味人生。三种场景均可与众生结缘。

（一）茶肆——容得下四季的地方

"茶"对于广东人有特殊的使用场景，比如"喝早茶"，相当于北方的吃早餐，不过茶楼的餐桌会有顾客选定的一壶茶。家境好的，会有两到三壶。两壶的居多。

古人有"书画琴棋诗酒花""柴米油盐酱醋茶"的诗句及感叹。这里的"茶"不确定是否指普通人家的碗茶，进而被归入日常生活必需品的范畴。实际上，茶肆的茶，可以归入诗酒花"茶"。一壶受人喜爱的茶，必定与制茶人的细腻心思、创意文案等有紧密的联系。茶师与医师、律师有许多共通之处，必得用心方可赢得尊重。在茶师心里，制作不仅是营生、技能，更是一种事业、信仰。

笔者来广东工作超过20年，逐渐养成了品茶、喝茶的习惯。从接触的流通茶品来看，茶在云南、广东、福建等地是当地人的一门重要营生。正是这些包装文雅的茶饼、茶叶，将爱茶人士巧妙地联系在一起。经营茶行的人，由于喜欢研究历史，每天接待不同的客人，通常性情温和、见多识广。好比外交官，他们经常接触世界各地的形形色色的人，看世界自然是阔远的、丰富多彩的。也有一些茶行，近年来在助农增收方面积极摸索，在自我成长的同时，努力将偏远山村的天然食材，源源不断地输送到各地爱心人士手中。

如何判断茶的质量？似乎没有统一的标准。一般从形、色、味等角度辨别，叶片条索完整、色泽自然通透、味道平实安稳，可归入好茶的范围。从知识产权的角度来看，茶及周边产品可以借助图文设计、有故事的商标、制作工艺、地理标志等智慧融入，让生活更加有品位，让世界变得更美好！

（二）饺子馆——"酒香不怕巷子深"依然管用

位于广东省广州市越秀区寺右二马路的一家饺子馆，本地人经常光顾。饺子馆店面不大，甚至有些简陋，但制作的饺子常年供不应求。由于店铺位于老城区，寸土寸金，门口并无停车场，网传有些年轻人还冒着被贴"牛肉干"的风险，来美食一顿。这里就涉及过度包装与真材实料的讨论。过度包装在茶行业比较常见。常见的普洱茶饼，重量在357克，加一个大尺寸礼盒，有时候礼盒的成本甚至接近或超过茶饼本身的价格数倍。这就是过度包装。

服务行业也有华而不实的案例。现实生活中，有些代理机构只注重签单，不重视售后或者忽略持续服务对行业及个体的社会价值、经济价值。在这种情形下，以下几句话反而显得更有魅力："有心就有成功""真正的销售在签单之后""品牌距离用户最近的一定是产品本身"。

（三）早餐铺——一家热热闹闹，一家门可罗雀

在广州某大型公园附近有两家早餐铺，沿街同向，两家早餐铺之间隔有一家非早餐铺面。这两家早餐铺，一家经营油炸鬼、煎堆，不提供堂食服务，两位守摊人，看起来是夫妻档，顾客稀稀落落；另一家早餐铺，提供有广东人爱吃的猪肠粉，还有种类繁多的小米粥、陈村粉、炒面等，猪肠粉制作师傅一直不停手，其他铺员跑前跑后、各司其职，提供堂食服务。

相比而言，食物品种丰富的这家早餐铺经营得要好很多，经常是屋内屋外坐满了人，而另一家早餐铺则冷冷清清。

笔者想，早餐铺生意的状况或许与以下因素有关：食物种类是否丰富多样，可供顾客挑选；是否提供堂食服务，方便顾客就座。再有就是差异化的思考，即便销售的种类少，如果产品的历史、配料、做工等独特优势宣传得好，状况也会不一样。

十二 | 法律文化饱含烟火气

关于摄影店、旅行、诗和远方

规模较大的摄影店,一般会有引导师、化妆师、摄影师的岗位设置。引导师负责客人的服装选取(服装间可供顾客挑选的服装各式各样,比普通的时装店选择还要多)、搭配以及摄影师拍摄时顾客情绪的调动;化妆师负责化妆;摄影师负责拍照。在这样的摄影店留住时光,留住家庭欢乐,是一件享受的事情。

有句谚语讲:"No matter how well educated you may be, you can learn a lot during your travels."旅行,对于一个人的成长非常有意义,不仅是对于孩童。单身男女、伉俪、孤独的人、徒步爱好者……皆可能在旅途中经历难忘的时光,收获成长。旅途见闻、风土人情、换个角度看问题,以及旅行带给人们的思考,等等,构成了旅行的全部意义。有的旅行者没有目的地,风餐露宿都是绝妙体验。你肯定设想过,什么时候,来一场说走就走的旅行吧!

诗和远方,似乎与柴米油盐酱醋茶相对,通常被认为是虚无缥缈的,但是又不是遥不可及的,可以用来憧憬,也可以用来自嘲。提到诗歌,古有李太白,今有叶嘉莹。杜甫《饮中八仙歌》中记有:"李白斗酒诗百篇,长安市上酒家眠。天子呼来不上船,自称臣是酒中仙。"中国纪录片《掬水月在手》的主人公,正是著名中国古典诗词研究专家叶嘉莹先生。

远行的意义并不只在于走过多少地方,见过多少风景,与多少人吃过饭、打过招呼,而在于自己内心的感受:见过广阔天地时的感受,看到芸芸众生时的感受,以及面对自我时的感受。[1]

---

[1] 朱致翔:《心若幽兰,品如秀竹:杨绛传》,天津人民出版社2017年版,第73页。

文明、文化异同与现代化

知名作家梁晓声说过:"根植于内心的修养,无需提醒的自觉,以约束为前提的自由,为他人着想的善良。"这句话多被解读为梁晓声对文化、文明的诠释。一种不同的观点认为,"其实这是他从文明、文化的角度,为'好人'定下的标准。从这样的好人标准出发,希望人性向上、向善,社会向美、向好,这是梁晓声'好人文化观'的深厚内涵,同时也是《人世间》的深刻魅力。"[1]

历史学家、教育家王赓武先生认为,文明(civilization)是一种理想,与文化(culture)不是一回事,文明没有边界,而文化是有边界的;要学习西方人的话,就要现代化。

近年来,中国大力倡导生态文明建设,我们讲绿水青山就是金山银山,我们讲山水林田湖草沙一体化保护,这些都是文明的体现。广州有一条文明路,文明路上的图书馆和商铺,以及往来穿梭的巴士共同述说着羊城悠久的历史文化。

"中华优秀传统文化是中华民族的根和魂,是中华文明的智慧结晶和精华所在,是我们最深厚的文化软实力,是我国的独特优势。文运同国运相牵,文脉同国脉相连。我们只有更深刻地理解中华优秀传统文化的当代价值和时代

---

[1] 李师东:"梁晓声《人世间》:现实主义的新高度",网址:http://www.chinawriter.com.cn/n1/2019/1127/c404030-31477612.html,最后访问日期:2023年10月13日。

意蕴，才能更好构筑中国精神、中国价值、中国力量，不断铸就中华文化新辉煌。"[1]

文明、文化博大精深，好似远在天边却又近在眼前。小我，凭着言行举止，可以丰富文明、文化的内涵，也可以降低人们对文明、文化的评价。文明、文化与现代化存在某种联系，也会在不经意间遭遇割裂。尊重法治、运用科技，促进民众幸福指数提升的现代化，需要人人参与进来。

---

[1] 牛家儒、张佑嘉："传承弘扬中华优秀传统文化"，网址：http://www.xinhuanet.com/politics/20220622/5d1960786aca435d962499711fa06d85/c.html，最后访问日期：2023年10月13日。

院线电影的构想与实践

电影创作的灵感,来自笔者对智慧法庭、法官假寐的思考、揣摩,来自笔者与团队成员在办理音乐版权案晚间在KTV取证的惊险过程,来自笔者和团队成员在办理计算机软件版权案时亲历的对方技术人员以假充真的取证过程,来自笔者对知识产权法治进程的守望,来自对阳光之下人性的善与恶的思考,来自对未来生活的憧憬。

制作院线电影,是一个十分复杂的系统工程,仅有资金是远远不够的,需要懂协作、懂电影、懂情谊、懂文化的搭档一道完成。从剧情设计、人员组合、法庭租借,要跑很长的路,要熬无数个夜,没有个三年五载是完不成的。有一年,在北京,笔者一天拜访了七个有影响力的单位,包括检察院、知识产权法院、腾讯研究院等,妥妥地创下了笔者单日交流单位数量的历史记录。正如电影《百鸟朝凤》给我的印象,传承一件事,专业之前是用心。

小时候,在乡下可以看到银幕故事,是一件很幸福的事情。有时候遇到境况好的人家,一晚连放三场电影,我都连着看完。有的时候抢不到好位置就只能在背面看。电视剧也是到邻居家去看,那时候村里,西头有一台电视机,东头有一台电视机。北方乡下人们入睡普遍比较早,我有时看完电视剧,时间比较晚了,回家路上只有飘着的雪花儿相伴。

电视剧《北京人在纽约》把纽约描绘成天堂、地狱、战场。电影《中国合伙人》则进一步把纽约描述为"那里从来不是一个公平的战场",有趣的是,在这部电影直接涉及版权侵权与庭审的讨论场景中,片中人物凭借对国际版权法规则的娴熟运用加上雄辩，力挽狂澜，使"未经EES授权使用作品于教材之中的案件"原本被动的听证局面"转败为胜"。

拍摄一部既有时代烙印、执着情怀又有实用场景、憧憬未来的知识产权法律电影，是笔者的梦想。我曾无数次地设想，电影的取景地和开场三分钟的剧情。剧情既要体现版权的独立性、平衡性、国际性，又要区别于泡沫剧和商业电影，法律术语的运用应该恰到好处。开场是怎样的，结尾是怎样的，庭审过程是怎样的，整部片子最激动人心的剧情是什么，能不能拍成精彩的庭审电影并填补市场空缺？电影作品里，有你、有我、有他（她）的青春与奋斗。我相信，这一天终会到来！

中国版权产业前景展望

"版权产业是以版权为核心的产业模式,拥有一项版权,这就意味着可以围绕它进行多维度的开发,并由此制造长尾效应,从而推动形成版权经济。"[1]

版权产业的发展,与一个国家的科学、文化、艺术等领域的成长密不可分,也与一个国家的政策紧密相关,已然融入我们生活的方方面面。"文化兴国运兴,文化强民族强。"近年来,国家设立了包括版权贸易基地在内的多个产业支持平台,不少企业开始主动融入版权产业链,民众的付费意识也在逐步提高。可以预见,中国的版权产业,将会在国家的建设发展过程中,在主管机关、创作者和传播机构等方面的共同努力下,继续发挥独特的耀眼魅力。

从免费下载图音视频,到付费购买会员资格,尤其是近一段时间以来,生成式人工智能参与创作等新的内容产出现象出现,引起人们对技术与法律变革的多维度思考,如知名科技法务机构iCourt推出的聊天机器人"达芬奇"可以帮助律师解决一定水平的法律问题。这些现象都将对《著作权法》的立法、执法、司法产生深远影响。但是,生成式人工智能创作及其输出素材的可版权性对立法的影响是缓慢的,短期内不会给版权纠纷的裁判者带来爆发式困扰。

---

[1] 梅术文:"版权产业经济贡献统计指标的审视与思考","中国版权服务"微信公众号,2023年9月21日。

|十二| 法律文化饱含烟火气

在版权法的学术研究及法律的立、改、废方面，有利于激发人们创作灵感的，有利于让作品传遍大江南北、长城内外的，有利于让世界上更多的人欣赏到中国文化的魅力的，有利于国与国间文学、艺术、科学等领域知识、信息交融、发展的，均应当得到鼓励并且在制度上、行动上给予支持。

篇章趣事

演说巧答贵妇人

伍廷芳是中国近代第一位法学博士，也是一位著名的外交官，相传口才极佳。伍廷芳出使英国期间，曾作过一次精妙绝伦的演说。一位在场的英国贵妇人听得心花怒放，在演说结束后跑来与他握手，并说："伍廷芳先生，对您的演说我真是十分佩服。为此，我决定把我的爱犬改名为'伍廷芳'，以示纪念。"伍廷芳心平气和地说："很好，很好。那么，您以后就可以天天抱着'伍廷芳'接吻了。"[1]

---

[1] 天津日报："英国贵妇称要以伍廷芳名字称呼爱犬 伍廷芳巧解尴尬"，网址：https://ihistory.ifeng.com/47987575/news.shtml?&back，最后访问日期：2023年10月4日。

参考文献

1.世界知识产权组织.著作权与邻接权法律术语汇编[M].刘波林,译.北京:北京大学出版社,2007.

2.王关义,刘益,刘彤,等.现代企业管理[M].5版.北京:清华大学出版社,2019.

3.吴汉东.知识产权法[M].北京:法律出版社,2021.

4.陈健.著作权权利理论[M].北京:知识产权出版社,2022.

5.彼得·德恩里科,邓子滨.法的门前[M].北京:北京大学出版社,2012.

6.郑成思.知识产权——应用法学与基本理论[M].北京:人民出版社,2005.

7.联合国教科文组织.版权法导论[M].北京:知识产权出版社,2009.

8.北京仲裁委员会.中国商事争议解决年度观察(2022)[M].北京:中国法制出版社,2022.

9.周旺生.立法学教程[M].北京:北京大学出版社,2006.

10.黄进,宋连斌,徐前进.仲裁法学[M].3版.北京:中国政法大学出版社,2007.

11.史彤彪.自然法思想对西方法律文明的影响[M].北京:中国人民大学出版社,2011.

12.吴汉东.著作权合理使用制度研究[M].北京:中国人民大学出版社,2013.

13.尤瓦尔·赫拉利.未来简史:从智人到智神[M].林俊宏,译.北京:中信出版社，2017.

14.李响.美国版权法：原则、案例及材料[M].北京：中国政法大学出版社，2004.

15.皮勇.侵犯知识产权罪案疑难问题研究[M].武汉：武汉大学出版社，2011.

16.冯晓青，杨利华.知识产权法热点问题研究[M].北京：中国人民公安大学出版社，2005.

17.潘永祥，李慎.自然科学发展史纲要[M].北京：首都师范大学出版社，1996.

18.保罗·戈斯汀.著作权之道——从印刷机到数字云[M].金海军，译.北京：商务印书馆，2023.

19.E.博登海默.法理学：法律哲学与法律方法[M].邓正来，译.北京：中国政法大学出版社，2017.

附录一

办理软件著作权侵权纠纷案流程

办理软件著作权侵权纠纷案流程
- 原告
  - 案卷初步梳理
    - 区分作品种类
    - 确定作品权利来源
      - 己方创作
      - 授权取得——授权链条是否完整
    - 明确被告的行为是否具备可责性且已固定
    - 责任如何承担、能否适用惩罚性赔偿
  - 组成庭前会议
    - 进行案例检索
    - 查找指导性案例和司法政策
  - 诉讼材料准备
    - 民事起诉状
    - 证据清单及证据
      - 权属证据
      - 侵权证据
    - 质证意见
    - 证据、财产保全申请书
    - 参考案例和司法政策
  - 完成庭审发言
    - 提前排查式了解案情
    - 发言围绕己方诉讼请求和辩驳点
    - 发言需要具有事实和法律依据
  - 撰写和提交代理词
- 被告
  - 确定作品来源
    - 有上家——作品获得环节及授权是否完整及有效
    - 无上家
      - 是否属于著作权限制性使用情形
      - 使用情形是否严重
  - 分析原告权利基础是否稳固
    - 原始取得
    - 继受取得
  - 组成庭前会议
    - 进行案例检索
    - 查找指导性案例和司法政策
  - 诉讼材料准备
    - 民事答辩状
    - 证据清单及证据
  - 完成庭审发言
    - 提前排查式了解案情
    - 发言围绕己方答辩意见和辩驳点
    - 发言需要具有事实和法律依据
  - 撰写和提交代理词

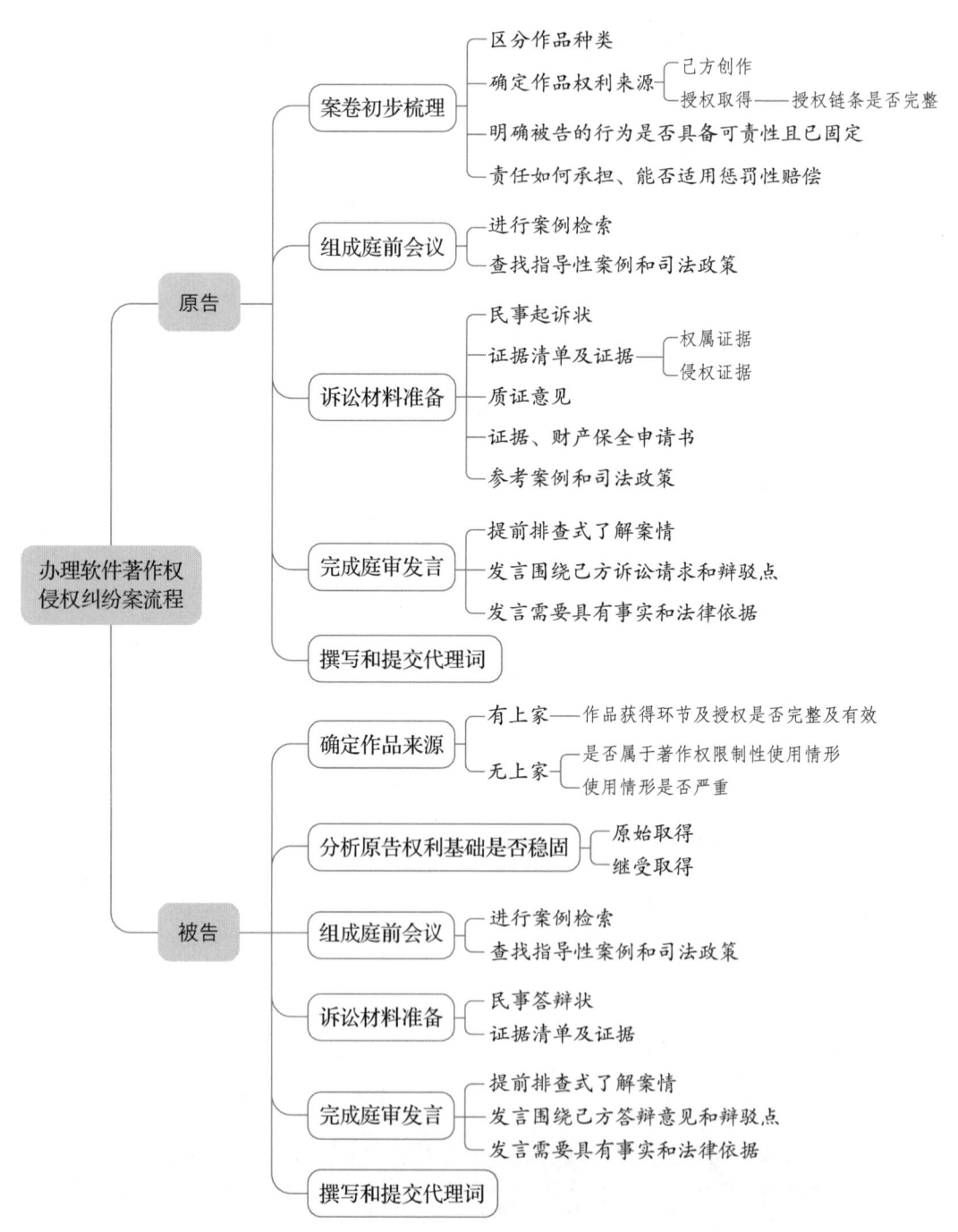

附录二

计算机软件开发合同仲裁案件指引

- 计算机软件开发合同仲裁案件指引
  - 申请人
    - 案卷初步梳理
      - 权属约定情况
      - 交付、验收、合同解除、违约条款如何约定
      - 对方的违约表现
      - 如何主张责任承担
    - 与当事人商定仲裁请求（含律师服务费）
    - 组成庭前会议
      - 进行案例检索
      - 查找司法政策
    - 仲裁材料准备
      - 草拟《仲裁申请书》
      - 证据清单及证据
        - 权属证据
        - 侵权证据
        - 须分组列明证明事项
      - 质证意见
    - 完成庭审发言
      - 提前排查式了解案情
      - 发言围绕己方仲裁请求和辩驳点
      - 发言需要具有事实和法律依据
    - 撰写和提交代理意见
  - 被申请人
    - 研究申请人的仲裁请求及事实理由
      - 分析请求是否成立
      - 与当事人商议是否提交《反请求申请书》
    - 组成庭前会议
      - 进行案例检索
      - 查找指导性案例和司法政策
    - 仲裁材料准备
      - 答辩书
      - 证据清单及证据
    - 完成庭审发言
      - 提前排查式了解案情
      - 发言围绕己方答辩意见和辩驳点
      - 发言需要具有事实和法律依据
    - 撰写和提交代理意见

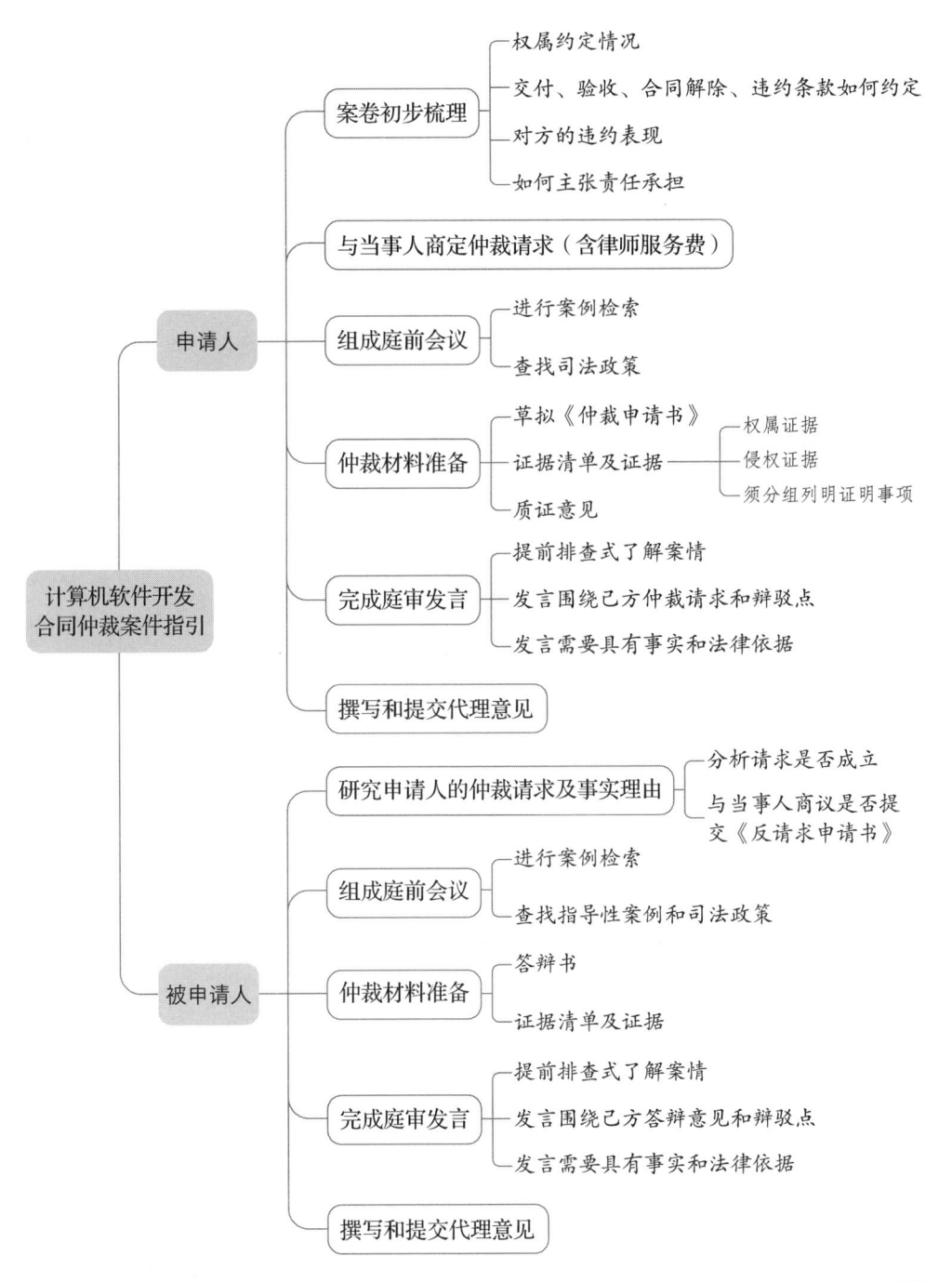

后　记

（一）书稿由来

四川省作协副主席蒋蓝在为一位朋友的新书《你的年少我的青春》作序时写道："写作达到的高度，与内伤成正比。"我读后印象深刻。可见，写作是一门大学问，写作之人须有坚韧不拔之志方有可能达到目标。这是我的第一本专著，在即将向要求严格的责编交稿时，心情有些复杂，但更多的还是期待。从多年前构思、2023年4月开始整理素材到初稿确定，书稿大大小小修改了60余次。2023年6月初，责编欣喜地对我说："有一个好消息必须与你分享，我们的选题顺利通过了选题会，而且被列为5月的重点选题之一。"得知选题被出版社列为重点选题那一刻，我受到了莫大的鼓舞！

全书最初是三篇式结构设计，包括法律篇、管理篇、公益篇。后来随着书写的权重发生变化，为方便读者阅读，在责编的指导下形成了现在的扁平结构。

（二）创作原则

关于"序二"中提及的"用语的严谨性""适当的趣味性""力求非同质化"，我是这样理解和融入全书的。（1）用语的严谨性：涉及著作权法、诉讼法以及仲裁活动的理论、规则的每一章、每一段、每一句、每一个词，尽可能使用法典或权威媒介的宣传用语，原创内容之外的知识、信息则标明出处，力争经得起反复推敲。（2）适当的趣味性：在行文上，尽量不只是枯

后 记

燥地罗列，而努力用呈现画面的方法去叙事；在首尾，则尝试介绍一下行业趣事，或者引用经过查证的谚语、俗语、名言警句。（3）力求非同质化：读者能够轻易检索得到的知识不写或者不多写，读者能够在同类读物中普遍获取的知识不写或者不多写，尝试写一些容易被忽略、被误读的内容，然后辅以案例进行说明。所有这些，目的都是努力在潜移默化中传递长效的版权知识和信息。

（三）感恩致谢

本书创作期间，得到诸多师友、同事、同学的帮助和鼓励，在此一并表示衷心感谢！

广东金融学院安雪梅教授、广东技术师范大学杨晓东等同学用电子文档的方式悉心给出修改意见；中原传媒出版与国际合作部副主任王建新先生更是直接指出问题并给予合理建议……

WELEGAL法盟联合创始人马强先生在看到初稿后这样写道："欣闻《船长说版权》一书即将出版，近水楼台先得月，先睹为快，一口气看完此书。无论是对版权案件办理实操问题的解读还是对版权发展误区的剖析，船长都展现出对专业的热爱与认真。同时，本书对有志于从事知识产权尤其是版权事业的人士，是一本不可多得的工具类书籍。开卷有益，大家从中汲取营养，共同为促进版权事业的发展贡献一份力量。"中国人民大学法学院张文亮老师看到书稿后发来鼓励："俊杰同学在人大法学院进修涉外法律课程期间，做好课业的同时，通过国际仲裁案件的审理演练、辅助讲师授课等活动，展现了较好的法学与知识产权学理基础，同时展现了出色的组织、协调等管理能力。"

中国文字著作权协会总干事张洪波先生、中国知识产权报社《国际观察》主编李铎先生、知识产权出版社高级咨询师崔玲女士、广州公证处党委书记/主任邝志强先生、广州仲裁委员会副总监冯国鸿先生、西部知识产权鉴定评估负责人张锋先生、暨南大学教授郭鹏先生、广州新华学院执行院长李岚女士、中南财经政法大学硕士生导师付丽霞女士、京信通信集团高级副总裁李学锋先生、快手集团法务副总裁孟洁女士、乐天控股集团创新服务中心总监顾浩生先生、超凡知识产权杨静安先生、五谷税道张建平女士、博研教育陈玉连女士、法律援助专家白仲清同志、竞争小组李雪宇同志、北京市律师协会著作权法律专业委员会主任王韵律师、广州市律师协会律师行业发展和改革工作委员会主任谭日兴律师、广东启源律师事务所合伙人会议主席陈满平律师、广东翰锐律师事务所主任邱斌斌律师，以及卢珏蓉同学、黄益汉同学……你们的意见、建议和鼓励，是我推进本书写作的重要力量源泉。

再次感谢李陵书编辑，她对稿件的质量要求非常严格，敬业且干练。李编辑能够把对书稿的高要求，通过量化的指引，有效帮助作者达成目标。比如标题层如何推进、脚注的规范化，等等。常常是一次电话或者微信沟通，就是个把小时，大到篇章结构，小到标点符号，提醒修订，不厌其烦。

（四）期待展望

期待本书的出版，可以帮助读者客观认识版权和版权法，支持蓬勃发展的中国版权事业。同时，如果本书的出版，能够对有志于从事法治事业的年轻人向复合型人才进阶有所启迪，也是一件了不起的事。学无止境，而术业有专攻。进阶路上，我们一起前行！

赵俊杰

2023年10月于广州